# DAS **SUPERFOOD**-KOCHBUCH

# DAS *SUPERFOOD*– KOCHBUCH

Die Extraportion Gesundheit
für jeden Tag

**JULIE MONTAGU**

Mit Fotos von Yuki Sugiura

Jan Thorbecke Verlag

VERLAGSGRUPPE PATMOS

PATMOS
ESCHBACH
GRÜNEWALD
THORBECKE
SCHWABEN

Die Verlagsgruppe
mit Sinn für das Leben

Hinweis des Verlages:
Bitte beachten Sie, dass Superfoods wie andere Lebensmittel auch nur in angemessenen Mengen verzehrt werden dürfen, da sich einige von ihnen bei zu hoher Dosierung negativ auf den Körper auswirken können. So haben beispielsweise Chia-Samen blutverdünnende Wirkung, Rote Bete kann Nierensteine begünstigen und Basilikum enthält Estragol, das unter Verdacht steht, in großen Mengen krebserregend zu wirken etc. Bitte beachten Sie also die Verzehrhinweise auf den Lebensmittelpackungen und informieren Sie sich über mögliche Nebenwirkungen, besonders wenn Sie an einer Krankheit oder Allergie leiden.

Aus dem Englischen von Renate Christ



Umschlaggestaltung: Finken & Bumiller, Stuttgart
Gedruckt in China
ISBN 978-3-7995-0663-2 (Print)
ISBN 978-3-7995-0686-1 (eBook)

Die Superfoods in diesem Buch habe ich immer wieder mit Superhelden verglichen, und so möchte ich dieses Buch den wahren Superhelden in meinem Leben widmen: meinen vier Kindern Emma, Jack, William und Nestor. Ihr seid alle, auf eure eigene spektakuläre Art, echte Superhelden.

# INHALT

# SUPERFOODS – SUPERKÖRPER!

Es gibt keine Diät auf dieser Welt, mit der jeder Mensch dasselbe Ergebnis erzielt. Deshalb sollten wir das Wort „Diät", wie wir es inzwischen gebrauchen, ein für alle Mal verbannen. Jetzt fühlen Sie sich schon besser, stimmt's? Von nun an wollen wir das Wort „Diät", wenn es uns über die Lippen kommt, in seiner richtigen, ursprünglichen Bedeutung verwenden, also im Sinne von Lebens- bzw. Ernährungsweise. Darunter versteht man die Gesamtheit der Lebensmittel, die ein Mensch, ein Tier oder eine Gemeinschaft regelmäßig isst. Peng, da haben Sie's! Wir sind nicht immer ausschließlich darauf bedacht, dass es uns körperlich gut geht, und das sollten wir auch nicht. Es gibt jedoch ein paar grundlegende Prinzipien der Ernährung, von denen wir alle profitieren können. Mit anderen Worten: Ja, wenn Sie flexibel sind, brauchen Sie auf Ihr Stück Kuchen nicht zu verzichten. Deshalb nenne ich mich „die flexible Feinschmeckerin".

## DIESES BUCH IST FÜR ALLE

Bei meiner Herangehensweise als flexible Feinschmeckerin gibt es keine strengen Regeln. Denken Sie daran, dass wir keine Schlankheitskur machen – Gottseidank! Stattdessen beweist sie, wie einfach und gleichermaßen vorteilhaft es ist, einen auf Pflanzen und Superfoods basierenden Lebensstil anzunehmen – und sei es auch nur in Teilzeit. Ich sage meinen Kindern immer, dass das Leben wirklich langweilig wäre, wenn sie absolut gleich wären. Und genauso wie meine Kinder unterschiedlich sind, gibt es auch keine zwei Menschen, die in puncto Vorlieben und Nährstoffbedarf identisch sind. Infolgedessen ist in diesem Buch alles inbegriffen – ganz egal, wie Ihre aktuelle Ernährungsweise oder Ihr derzeitiger Lebensstil aussehen. Absolut jede und jeder kann ganz leicht ihre bzw. seine Essgewohnheiten revolutionieren und auf dem Pfad zu dauerhafter Gesundheit einen gewaltigen Sprung nach vorne machen. Dies geht jedoch nicht von heute auf morgen, sondern mein Buch beschreibt detailliert, wie Sie Ihre Lebensweise schrittweisen Veränderungen unterziehen können, die dazu dienen, das Schlechte sein zu lassen und das Gute einzuführen.

## WAS SCHIEFGEGANGEN IST

Lassen Sie uns von vorne beginnen. Was sorgt dafür, dass wir an Gewicht zulegen, und welches sind die gesundheitlichen Aspekte, die Hand in Hand gehen? Warum werden so viele Menschen immer schwerer und immer kränker? Glücklicherweise wurden diese Fragen in Studien untersucht, sodass wir jetzt endlich ein paar Antworten haben.

Im Lauf der letzten 100 Jahre ist unser Konsum von Fleisch, Milchprodukten, Zucker und verarbeiteten und abgepackten Lebensmitteln sprunghaft angestiegen. Dies hat wiederum zu einem Anstieg von Übergewicht und Gesundheitsproblemen geführt. Die gute Nachricht ist jedoch, dass Sie all das ganz leicht ändern können, und ich werde Ihnen Tipps geben wie.

## SCHLECHTES RAUS, GUTES REIN

In diesem Buch und in seinen Rezepten werden wir uns auf die Lebensmittel konzentrieren, die für die Gesundheit am wirkungsvollsten sind, und diejenigen reduzieren und sogar aussortieren, die es nicht sind. Was jedoch wirklich zählt, ist das, was für Sie funktioniert, und dies ist eine supereinfache und vergnügliche Möglichkeit, mit einer neuen Art des Essens zu experimentieren. Indem Sie mehr Superfoods in Ihre Ernährung integrieren, werden Sie ganz automatisch anfangen, die schlechten Lebensmittel zu verdrängen. Ich habe so viele Menschen gesehen, die dünner und gesünder geworden sind und sich um einiges besser gefühlt haben, indem Sie lediglich mehr Gutes und weniger Schlechtes gegessen haben. Wenn die Leute anfangen, Ihnen Komplimente über Ihr tolles Aussehen zu machen, und wenn Sie anfangen, sich von Tag zu Tag besser zu fühlen, dann wird Sie das beflügeln. Für mich liegt der zusätzliche Nutzen dieser Lebensweise in der Fülle an Energie, die sie mit sich bringt. Sie werden bald bemerken, dass dies dazu führt, dass Sie sich großartig fühlen, und zwar jeden Tag.

Lassen Sie uns also damit anfangen, Ihre Essgewohnheiten zu revolutionieren, damit wir uns auf die Reise zu all den enormen Vorzügen begeben können. Zu den Lebensmitteln, um die Sie Ihren Speisezettel ergänzen sollten, gehören grünes Blattgemüse, Vollkorngetreide, Hülsenfrüchte, Gemüse, Obst und natürliche Süßungsmittel. Viele davon bezeichne ich als „Superfood", weil sie so randvoll mit den Nährstoffen sind, die Ihren Körper gedeihen lassen. Die Lebensmittel, die wir reduzieren und vielleicht vollständig aussortieren werden, sind tierische Produkte (einschließlich Milchprodukte), raffinierter Zucker, weißes Mehl und raffinierte Öle. Studien haben gezeigt, dass der Verzicht auf diese Lebensmittel und stattdessen der Konsum gesunder pflanzlicher Lebensmittel die Gesundheit verbessert – und zwar sehr!

Manche Menschen glauben, dass ihnen bei einer Ernährung auf pflanzlicher Basis bestimmte Nährstoffe fehlen würden, dabei ist in Wirklichkeit das Gegenteil der Fall. Wenn Sie Fleisch durch diese pflanzlichen Lebensmittel ersetzen, dann beseitigen Sie die tierischen Fette und andere Dinge, die Ihrer Gesundheit abträglich sein können. Das ist aber noch nicht alles: Sie erhalten auch die Ballaststoffe, die Sie benötigen, um die Dinge in Gang zu halten, was Sie wiederum schlank hält. Zusätzlich halten Sie schlechtes Cholesterin in Schach und lassen zu, dass all die unglaublichen Antioxidantien und Vitamine von Ihren Zellen aufgenommen werden und Sie gegen Krankheiten schützen. Seien Sie auch versichert, dass pflanzliche Lebensmittel nicht zu wenig Eiweiß besitzen. Wenn Sie in Ihre Ernährungsweise vollwertige Lebensmittel – dunkles Blatt- und anderes Gemüse, Obst, Samen und Nüsse – integrieren, dann werden Sie Eiweiß in ausreichender Menge bekommen.

# DAS FAZIT:
## EINE PFLANZLICHE ERNÄHRUNG IST NÄHRSTOFFREICH, EINE AUF TIERISCHEN PRODUKTEN BASIERENDE IST NÄHRSTOFFARM.

### FLEISCH

In diesem Buch geht es aber nicht darum, auf alle tierischen Produkte zu verzichten. Man kann durchaus flexibel sein und ein Stück Fleisch essen, wenn einem danach ist, sofern man es mit einer nährstoffreichen Beilage, die Antioxidantien enthält, oder einem ebensolchen Nachtisch kombiniert. Aber lassen Sie uns dies ein bisschen genauer erforschen, vor allem die Aspekte Oxidation, freie Radikale und Antioxidantien.

Der Vorgang der Oxidation im menschlichen Körper zerstört Zellen. Wenn Sauerstoff im Körper verstoffwechselt wird, entstehen freie Radikale. Diese freien Radikale stehlen anderen Molekülen Elektronen, was wiederum Schaden verursacht. Wir werden heutzutage mit freien Radikalen geradezu bombardiert, und diese Überbelastung wird mit einer ganzen Reihe von Krankheiten in Verbindung gebracht. Durch Stress, Rauchen, Alkohol, Umweltverschmutzung und andere Faktoren einschließlich der Verdauung gewinnt Oxidation an Dynamik. Wenn Sie beispielsweise Fleisch essen, sorgt es dafür, dass Ihr Verdauungsapparat unglaublich hart arbeiten muss, um das Essen zu zerlegen. Einfacher ausgedrückt: Fleisch zu verdauen dauert ungefähr doppelt so lang wie pflanzliche Lebensmittel zu verdauen.

Die moderne Wissenschaft glaubt, dass 80 Prozent oder mehr der Schäden am Körper durch freie Radikale verursacht werden. Und das ist der Punkt, an dem die pflanzlichen Superfoods zu Ihren Superhelden werden. Der Verzehr von grünem Blattgemüse, Obst, Vollkorngetreide, Hülsenfrüchten und anderem Gemüse versorgt Sie nämlich mit einer Unmenge an Antioxidantien. Diese neutralisieren nicht nur freie Radikale, sondern entfernen auch die freien Radikale aus den Zellen, was wiederum den Schaden, der durch Oxidation verursacht wird, verhindert oder zumindest verringert.

### Milchprodukte

Auch Milchprodukte sind eine Lebensmittelgruppe, die man meiner Meinung nach reduzieren oder sogar ganz weglassen sollte. Wir sind die einzige Spezies, die auch über das Kindesalter hinaus Milch konsumiert.

Und wir Menschen sind tatsächlich auch die einzige Spezies, die Milch von anderen Tieren konsumiert. Über die schädlichen Wirkungen von Milchprodukten wurden Tausende von Studien durchgeführt. Dabei stechen zwei große Probleme hervor: Schleim und Entzündung. Milchprodukte sorgen dafür, dass der Körper zu viel Schleim absondert, welchen der Körper wiederum durch Auswurf oder Akne versucht loszuwerden. Dieses Übermaß an Schleim führt zu einer Entzündung innerhalb des Körpers, welche dann zu Energiemangel, schlechtem Schlaf und unregelmäßiger Verdauung führt – und sie kann sogar Krankheiten hervorrufen. Wenn die Reduzierung bzw. das Weglassen von Milchprodukten bei Ihnen die Frage aufwirft, ob Sie noch genug Kalzium bekommen, dann sollten Sie in Erwägung ziehen, mehr dunkles, grünes Blattgemüse zu essen – schließlich bekommen die Kühe ihr Kalzium auch von dort! Die Statistik besagt, dass Osteoporose und Hüftbrüche in Ländern mit dem niedrigsten Milchkonsum tatsächlich seltener bzw. fast überhaupt nicht vorkommen.

Auf der Habenseite steht, dass es endlich ein paar wundervolle Milcharten auf pflanzlicher Basis gibt. Die Vielfältigkeit, die von Mandel über Quinoa und Hafer bis zu Kokosnuss reicht, ist ganz erstaunlich, und diese Varianten sind weitaus gesünder als tierische Milch. Als ich meine gesamte Familie auf pflanzliche Milch umstellte, kaufte ich jede Sorte, die ich in die Finger bekam und führte einen Geschmackstest durch, um herauszufinden, wer was bevorzugte. Probieren Sie es aus, es funktioniert!

## VERARBEITETE UND ABGEPACKTE LEBENSMITTEL

Genau wie raffinierter Zucker sind verarbeitete und abgepackte Lebensmittel stark süchtig machend. Und genau wie Zucker und Milchprodukte rufen diese „Junk Foods" Entzündungen hervor. Das Schlimmste aber ist, dass diese Lebensmittel mit fiesen Zusatzstoffen vollgepumpt sind, die den Geschmack verbessern und die Haltbarkeit verlängern sollen. Bedenken Sie, dass Zusatzstoffe Chemikalien sind und dass darunter freie Radikale sind. Wie wir bereits wissen, schädigen freie Radikale die Zellen. Verarbeiteten Lebensmitteln wurden ihre Enzyme, Vitamine und natürlichen Fasern entzogen, damit sie sich länger halten, aber im Gegenzug richten sie in Ihrem Körper verheerenden Schaden an. Echte, vollwertige Lebensmittel verrotten und zersetzen sich im Lauf der Zeit, wohingegen verarbeitete, „minderwertige" Lebensmittel über Monate oder sogar Jahre unverändert im Regal bleiben!

Unser Ziel ist es, flexibel zu sein. Ich habe absolut Verständnis dafür, dass wir ein Glas Tomaten- oder Currysoße schnappen, wenn wir in Eile oder erschöpft sind und etwas Schnelles brauchen. Wir müssen das dann einfach mit echten und vollwertigen Lebensmitteln ausgleichen, die dafür sorgen, dass wir uns großartig fühlen.

## ZUCKER

Raffinierter Zucker steckt in praktisch jedem verarbeiteten und abgepackten Lebensmittel, das es gibt. Er macht süchtig und ruft Gelüste, Energiemangel und schlechte Laune hervor. Auf den ersten Biss lässt er unseren Blutzucker ansteigen, und wir fühlen uns glücklich und lebendig. Aber genauso schnell lässt er uns erschöpft, heißhungrig und niedergeschlagen zurück. Und was tun wir dann? Wir essen mehr davon und der Kreislauf beginnt von Neuem.

Raffinierter Zucker löst auch die Produktion von überschüssigem Insulin aus, welches unsere Zellen dazu bringt, Fett zu speichern. Falls das noch nicht reicht, um Sie von Zucker abzubringen, dann bedenken Sie, dass er Entzündungen im Körper hervorruft. Es hat sich gezeigt, dass Entzündungen zu einer Reihe von Krankheiten wie Krebs, Diabetes und Verdauungsproblemen beitragen. Wir werden eine Reihe von ganz erstaunlichen Zuckeralternativen vorstellen, die nicht nur süß schmecken und dabei helfen, die süchtig machenden Zuckergelüste loszuwerden, sondern auch voller wunderbarer Nährstoffe stecken, die Ihren Körper erfreuen und Ihren Geist im Gleichgewicht halten.

## GRÄMEN SIE SICH NICHT!

Schimpfen Sie nicht mit sich, wenn Sie gelegentlich ein Steak, einen Milchshake, eine Meringue oder eine Tüte Chips verzehren. Wenn Sie das tun, wissen Sie, dass Sie das mit Lebensmitteln ausgleichen können, die unser Körper wirklich will und braucht. Obst und Gemüse enthalten Tausende von Nährstoffen mit superheldenhaften Kräften für die Gesundheit. Dieses Obst und Gemüse zusammen mit Vollkorngetreide, Hülsenfrüchten und natürlichen Süßungsmitteln steckt voller Ballaststoffe, Proteine, Eisen und Kalzium, um nur ein paar Beispiele zu nennen. Indem wir unseren Konsum an Fleisch, Milchprodukten, Zucker und verarbeiteten Lebensmitteln verringern, können wir eine neue Ebene von Gesundheit und Wohlbefinden erreichen, in deren Genuss zu kommen wir nie erwartet hätten.

***DENKEN SIE DARAN, DASS SIE DURCH DIE EINFÜHRUNG VON MEHR SUPERFOODS DAS SCHLECHTE ZEUG GANZ AUTOMATISCH VERDRÄNGEN WERDEN.***

# DIE GOLDENEN REGELN

Es gibt 75 Billionen Zellen in unserem Körper, und sie alle arbeiten sehr hart, um uns in Gang zu halten. Die Nährstoffe aus den Lebensmitteln, die wir essen, werden von jeder einzelnen dieser Körperzellen aufgenommen. Um unsere Gesundheit zu maximieren, müssen wir die Nährstoffe maximieren, die aufgenommen werden, damit wir uns jeden Tag großartig fühlen können. Sie müssen nicht mit irgendeiner verrückten Diät anfangen, um sich gut zu fühlen. Ich habe ein paar goldene Regeln für das tägliche Wohlbefinden aufgestellt. Wenn Sie die befolgen, gibt es keinen Grund, warum Sie nicht weiterhin ab und zu Schokoladenkekse essen sollten.

1 **Essen Sie mehr Vollkornprodukte**
Von Quinoa und Bulgur über Naturreis zu Vollkorn- und Sobanudeln – holen Sie sie in Ihre tägliche Ernährung. Vollkornprodukte sind eine wunderbare Nährstoffquelle. Der Körper nimmt Vollkorngetreide langsam auf, und deshalb liefert es Energie, die langsam freigesetzt wird. Und weil Vollkornprodukte Ballaststoffe enthalten, helfen sie dabei, den Blutzuckerspiegel und das Cholesterin zu kontrollieren. Außerdem sorgen sie dafür, dass Sie sich satt fühlen, sodass Sie weniger essen, und wirken vorbeugend gegen Verstopfung.

2 **Essen Sie mehr süßes Gemüse**
Von Mais über Karotten und Roter Bete zu Kürbis und Süßkartoffeln – diese Jungs unterstützen Sie wirklich dabei, die nicht so gesunden Lebensmittel von Ihrem Speisezettel zu verdrängen. Wenn Sie ein wenig abhängig davon sind, mit raffiniertem Zucker Ihre Gelüste nach Süßem zu befriedigen, dann ist süßes Gemüse genau das Richtige für Sie, denn es enthält nicht nur megaviele Nährstoffe, sondern findet auch bei Süßschnäbeln Anklang.

3 **Essen Sie mehr dunkles, grünes Blattgemüse**
Von Grünkohl und Spinat über Römersalat zu Pak Choi – dunkles, grünes Blattgemüse steckt voller guter Sachen. Und welches Lebensmittel fehlt in der heutigen Ernährungsweise trotzdem am häufigsten? Bingo! Dunkles, grünes Blattgemüse. Blutreinigung, verbesserte Durchblutung, gestärktes Immunsystem und bessere Laune – die Vorteile dieser Gemüsesorten sollten nicht ignoriert werden. Ob Sie sie nun entsaftet in Smoothies, als Hauptgericht, Beilage oder Snack konsumieren, ist egal. Hauptsache, Sie nehmen sie jeden Tag zu sich.

4 **Essen Sie mehr gute Fette**
Von Avocados und Kokosnüssen zu Nüssen und Samen – diese Fette sind Ihre Freunde. Wir benötigen diese speziellen Freunde für die Gehirnfunktion, den Schutz der Gelenke und für Energie. Noch mehr als Kohlenhydrate oder Proteine sind gute Fette die größte Energiequelle, und mehr Energie hilft, den Stoffwechsel anzuregen.

5 **Essen Sie mehr Hülsenfrüchte**
Von Kichererbsen über Mungobohnen und Linsen zu schwarzen Bohnen – diese Lebensmittelgruppe ist eine hochwertige pflanzliche Proteinquelle. Es gibt so viele Sorten, und sie sind so vielseitig, dass Sie ihrer nie überdrüssig werden.

### 6 Verwenden Sie weniger raffinierten Zucker

Er hungert das Gehirn aus, facht Entzündungen an, lässt die Haut altern und bringt die Hormone durcheinander – raffinierter Zucker wird chemisch verarbeitet und buchstäblich all seiner vorteilhaften Nährstoffe beraubt. Igitt! Probieren Sie stattdessen einmal Datteln, Kokosblütenzucker, Honig und Ahornsirup, um eine vollwertige, nährstoffreiche Dosis von dem süßen Zeug zu bekommen.

### 7 Verwenden Sie weniger raffiniertes Öl

Der Prozess des Raffinierens von Öl entspricht dem des Raffinierens von Zucker und Getreide. Sie müssen sich das so vorstellen: Man nimmt ein einwandfreies Lebensmittel, das randvoll ist mit seinen natürlich vorkommenden Vitaminen, Mineralstoffen und Enzymen, und entzieht ihm diese guten Sachen.

### 8 Experimentieren Sie mit pflanzlichen Milchalternativen

Pflanzliche Milch ist eine großartige Alternative zu Kuhmilch. Diese nicht-tierischen Milchalternativen sind nicht nur völlig frei von Cholesterin und Laktose (dem Zucker in tierischer Milch), sondern auch reich an Fettsäuren und zum Bersten voll mit Vitaminen und Mineralstoffen. Heutzutage gibt es eine große Auswahl, einschließlich Mandel-, Quinoa-, Kokos-, Reis-, Hafer- und Haselnussmilch, um nur ein paar zu nennen. Nur zu, stürzen Sie sich darauf!

### 9 Experimentieren Sie mit Superfood-Superhelden

Es gibt unter den Superfoods gewissermaßen Superhelden, welche die beeindruckendsten, nährstoffreichsten Lebensmittel der Welt sind. Sie verbessern das allgemeine Wohlbefinden, reduzieren Entzündungen, stärken das Immunsystem und alkalisieren den Körper – kurz: Diese Superhelden nähren uns tief in unserem Inneren. Entfesseln Sie Ihren inneren Superhelden, indem Sie mit Kakao, Goji-Beeren, Baobab, Spirulina, Blütenpollen und, jawohl, sogar mit Meeresalgen experimentieren.

### 10 10 Essen Sie weniger Fleisch, Milchprodukte, Zucker und abgepackte oder verarbeitete Lebensmittel

Diese Lebensmittel sind so raffiniert designt, dass sie die für den Genuss zuständige Kommandozentrale in unserem Gehirn einschalten, damit wir bei der Auswahl von Lebensmitteln die falschen Entscheidungen treffen. Was ist also die einfachste Lösung? Essen Sie mehr Pflanzen! Es geht nicht darum, Ihnen alles wegzunehmen. Es geht vielmehr um die Bereitschaft, an Bord eines neuen Abenteuers zu kommen und zu experimentieren, einzutauchen und vollwertige Lebensmittel in ihrem natürlichen Zustand zurückzubringen.

# FÜLLEN SIE IHRE SPEISEKAMMER AUF

Ich möchte sichergehen, dass Sie zu jeder Zeit gesunde und nahrhafte Lebensmittel zur Hand haben, damit Sie niemals nach Hause kommen und sagen: „Es ist nichts zu essen da." Das führt nämlich oft dazu, dass man nach irgendetwas unglaublich Ungesundem greift, nach dessen Genuss man sich für gewöhnlich nicht so toll fühlt. Aber Sie sollen sich natürlich auch nicht durch die Menge an Zutaten, die Sie in Ihrer Vorratskammer haben sollten, eingeschüchtert fühlen. Ich habe sie überschaubar gehalten, damit Sie selbst entscheiden können, welche Artikel Sie besorgen möchten. Als Orientierungshilfe habe ich sie in drei Kategorien eingeteilt:

MUSS bedeutet: „Ja, das sollten Sie unbedingt in Ihrer Speisekammer haben, also gehen Sie am besten los und besorgen Sie es!"

SOLL bedeutet: „Ich rate Ihnen dazu, weil es gut ist!"

Und KANN bedeutet: „Das ist kein Muss, es ist nur eine weitere gesunde Alternative, die man zur Hand haben kann."

Wenn Sie einen Großteil dieser Artikel im Vorrat haben, wird das Ihre neu entdeckten gesunden Essgewohnheiten unterstützen und die sündigen Versuchungen reduzieren. Ich habe die Lebensmittel nicht nur in Listen geordnet, sondern es gibt auch zu jedem eine kurze Erklärung, in der seine gesundheitlichen Vorteile erläutert werden.

# MUSS

## VOLLKORNGETREIDE

Es ist großartig, verschiedene Arten von Vollkorngetreide zur Hand zu haben, weil ihre Haltbarkeit zwischen sechs und neun Monaten liegt und weil sich aus diesen Jungs ein paar supersättigende, nährstoffreiche Mahlzeiten zubereiten lassen.

### NATURREIS (1)

Weil seine Kleieschicht im Gegensatz zu weißem Reis unbeschädigt ist, enthält Naturreis alle seine natürlich vorkommenden Nährstoffe wie Eisen, Mangan, Selen, Magnesium und Ballaststoffe. Von allen Getreidearten besitzt Reis den höchsten Gehalt an B-Vitaminen. Und als Bonus ist Naturreis glutenfrei.

### QUINOA (2)

Von allen Vollkorngetreiden (in Wirklichkeit handelt es sich um Samen) hat Quinoa die beste Nährstoffbilanz. Und von allen Körnern hat es auch die kürzeste Kochzeit. Das eigentlich Wunderbare an Quinoa ist jedoch, dass es alle acht Aminosäuren enthält.

### HAFERFLOCKEN (3)

Nur 90 g von diesen blassen, kleinen Körnern liefern 6 g Eiweiß und 4 g Ballaststoffe. Und Mangan – ein Mineral, das dabei hilft, Enzyme für den Knochenbau zu bilden – findet sich im Überfluss in diesem kleinen Korn.

## VOLLKORNMEHLE

Weißes Weizenmehl ist sehr stark raffiniert, d.h. alle seine Ballaststoffe, Fettsäuren, Mineralstoffe und Vitamine wurden entfernt. Man kann auch erstaunliche, köstliche und interessantere Leckereien aus Vollkornmehlen zubereiten, die noch ihre natürlichen Nährstoffe besitzen.

### VOLLKORNMEHL (4)

Diese Art des Weizenmehls enthält den gesamten Kern des Getreidekorns, von der Kleie bis zum Endosperm des Keimlings. Das bedeutet, dass wir alle Vitamine und Ballaststoffe in unserem Backwerk behalten.

### HAFERMEHL (5)

Das ist unser total erschwingliches Getreide in Mehlform. Es ist sehr vielseitig und steckt voller Gesundheit, was es zu einem Siegertypen beim Backen macht.

## HÜLSENFRÜCHTE

Hülsenfrüchte stecken voller Eiweiß und sind sehr sättigend, weshalb sie ein großartiger Ersatz für Fleisch sind. Sie enthalten wenig Fett, aber viele Ballaststoffe, und es gibt eine enorme Vielfalt an Formen, Texturen und Aromen.

### KICHERERBSEN (6)

Kichererbsen sind großartig für eine gesunde Verdauung. Wenn man jeden Tag eine kleine Menge davon verzehrt, kann das den Cholesterinspiegel senken und die Gesundheit des Herzens verbessern. Die antioxidative Zusammensetzung von Kichererbsen ist komplex und wertvoll, sodass sie uns mit einer ganzen Ladung guter Dinge versorgt.

### LINSEN (ROTE, BRAUNE UND PUY-LINSEN) (7)

Es sind viele verschiedene Arten von Linsen erhältlich, wobei die gebräuchlichsten die roten, die braunen und die Puy-Linsen sind. Linsen sind eine ganz erstaunliche Eiweiß- und Kohlenhydratquelle und enthalten auch Kalzium, Eisen, Phosphor und viele B-Vitamine.

## NÜSSE UND SAMEN

Über Nüsse und Samen gibt es sehr viel zu schreiben, weil sie von allem viel ent-

13
7
9
27
31
6
35
3
34
7
18
23
5
19
4
30
28
11
14
12
21
32
7
15
29
17
1
10
33
2
25
26
24
20
22
8
16

halten! Eiweiß, Kalzium, Eisen, Folsäure – diese kleinen Kraftpakete sind wahnsinnig nährstoffreich. Man benötigt jedoch nur eine kleine Handvoll davon.

WALNÜSSE (8)
Das ist wahrscheinlich meine Lieblingsnuss, weil sie eine hohe Menge an Omega-3-Fettsäuren enthält. In der Tat deckt eine 32-g-Portion Walnüsse 90 Prozent der empfohlenen Tagesdosis dieser Fettsäuren ab. Außerdem sind die in ihnen enthaltenen Fettsäuren größtenteils mehrfach ungesättigt, während die meisten anderen Nüsse hohe Mengen an einfach ungesättigten Fettsäuren enthalten.

MANDELN (9)
Mandeln sind in Wirklichkeit der Kern einer Steinfrucht, werden aber meist umgangssprachlich zu den Nüssen gezählt. Von allen Nüssen besitzen Mandeln den höchsten Kalzium- und Ballaststoffgehalt. Zahlreiche Studien haben gezeigt, dass der Verzehr dieser wunderbaren Kerne den Blutzuckerspiegel reguliert, den Cholesterinspiegel senkt und sogar bei der Gewichtsabnahme helfen kann.

KÜRBISKERNE (10)
Sie sind eine fantastische Quelle für die Aminosäure Tryptophan, welches in Serotonin umgewandelt wird – bedenken Sie, dass Serotonin die Einschlafhilfe der Natur ist. Deshalb ist es womöglich eine gute Idee, eine Handvoll davon zu essen, bevor Sie ins Bett gehen.

CHIA-SAMEN (11)
Wenn Sie auch nur 1 EL davon täglich zu sich nehmen, dann haben Sie Ihren Körper mit mehr Kalzium versorgt als mit einer Tasse Milch, mit mehr Omega-3-Fettsäuren als mit einem Stück Lachs und mit mehr Antioxidantien als mit einer Handvoll Blaubeeren.

## BUTTER

Milchfreie Alternativen zu normaler Butter zu finden, ist aufgrund der vielen Auswahlmöglichkeiten nicht nur einfach, sondern es ist auch eine unglaubliche Entscheidung für beste Gesundheit. Butteralternativen auf Pflanzenbasis sind reich an Nährstoffen, während Buttersorten aus tierischer Milch reich an gesättigten Fettsäuren und Cholesterin sind.

MANDELBUTTER (12)
Mandelbutter besitzt einen hohen Gehalt an ungesättigten Fettsäuren, was gut für die Gesundheit des Herzens ist. Auch die hohe Anzahl an Omega-3-Fettsäuren trägt zur größtmöglichen Gesundheit Ihres Herzens bei und hilft auch, Sie vor Schlaganfällen zu schützen. Wenn Sie Mandelbutter essen, versorgen Sie Ihren Körper mit einer Fülle an Kalium, Magnesium, Eisen, Kalzium, Phosphor und Vitamin E!

## MEERESALGEN

Meeresalgen gelten als die nährstoffreichsten Lebensmittel der Welt und sind vollgepackt mit allen Mineralstoffen, die wir für eine gute Gesundheit benötigen. Sie gehören zu den Lebensmitteln, die auf unserer Erde am reichlichsten vorkommen und gleichzeitig zu denen, die zu wenig genutzt werden. Lassen Sie uns also mehr Algen in unsere Ernährung aufnehmen, indem wir sie ganz einfach in Suppen, Salate und Pfannengerichte integrieren.

NORI (13)
Von allen Algen ist Nori nicht nur am leichtesten verdaulich, sondern enthält auch die größte Menge an Eiweiß.

DULSE-FLOCKEN (14)
Dulse-Flocken enthalten unglaublich viel Eisen und sind außerdem ein fantastischer Salz-Ersatz, denn Dulse verstärkt den Geschmack und die Salzigkeit Ihrer Gerichte.

## TROCKENFRÜCHTE UND NATÜRLICHE SÜSSUNGSMITTEL

Warum sollten Sie Ihren Vorrat mit natürlichen Süßungsmitteln auffüllen? Nun, falls Sie es noch nicht gehört haben: Weißem (und sogar braunem) Zucker wurden so ziemlich alle Vitamine und Mineralstoffe entzogen. Wenn diese Vitamine und Mineralstoffe entfernt werden, richtet er bei Ihrem Blutzuckerspiegel verheerenden Schaden an und verursacht einen „Zucker-Blues", weil Ihr Körper genau diese Nährstoffe benötigt, um den Zucker, den Sie essen, zu verstoffwechseln.

### ROSINEN (15)

Aufgrund ihrer natürlichen Zucker verhelfen Ihnen diese kleinen Juwelen zu einem Energieschub, wenn Sie sich schlapp fühlen, und sie sind auch eine gute Ballaststoffquelle, um die Dinge im Verdauungstrakt in Gang zu halten. Außerdem sind sie sehr reich an dem Spurenelement Boron, welches für gesunde Knochen wichtig ist, weil es Vitamin D in seine aktive Form umwandelt. Und ohne Vitamin D können wir Kalzium nicht effektiv aufnehmen.

### DATTELN (16)

Datteln enthalten zu viele Vitamine, Mineralstoffe und sekundäre Pflanzenstoffe, um alle aufzuzählen. Einigen wir uns einfach darauf, dass es sich für unser allgemeines Wohlbefinden unbedingt lohnt, sie zu essen.

### KOKOSBLÜTENZUCKER (17)

Kokosblütenzucker bietet nicht nur mehr Vitamine, Mineralstoffe und sekundäre Pflanzenstoffe als raffinierter Zucker, er besitzt auch einen sehr niedrigen glykämischen Index (GI), nämlich 35, während der GI von Zucker zwischen 60 und 75 liegt. Es ist einfach, Zucker beim Kochen zu ersetzen, weil Sie den raffinierten Zucker Gramm für Gramm gegen Kokosblütenzucker austauschen können.

## WÜRZMITTEL

Würzmittel haben das Potential dazu, entweder zusätzliche Nährstoffe zu liefern oder die gesundheitsfördernden Eigenschaften eines Gerichtes zu beeinträchtigen. Indem wir uns für Würzmittel entscheiden, die für eine optimale Gesundheit förderlich sind, können wir unseren Mahlzeiten Geschmack hinzufügen, während wir gleichzeitig das Beste für unseren Körper tun.

### APFELESSIG (18)

Die möglichen langfristigen Vorteile, die es mit sich bringt, Apfelessig in die Ernährung zu integrieren, reichen von Gewichtsverlust bis zur Vorbeugung von Herzerkrankungen. Auch eignet er sich gut für die Kontrolle des Blutzuckerspiegels.

### SENF (19)

Dieses beliebte Würzmittel ist eine Kombination aus Senfkörnern, Wasser, Essig und einer Reihe von Gewürzen und Geschmacksstoffen. Er enthält wenige Kalorien und viel Selen, welches antioxidative Eigenschaften besitzt, die die Zellen vor Schaden bewahren. Senf ist auch eine gute Quelle für Omega-3-Fettsäuren, welche für die Gesundheit des Gehirngewebes unerlässlich sind.

### FRISCHER INGWER (20)

Dieses das Immunsystem stärkende Lebensmittel ist am bekanntesten dafür, Erkältungen und Grippe zu bekämpfen. Ingwer besitzt auch wirkungsvolle entzündungshemmende Eigenschaften und sorgt für einen aromatischen Geschmack, wenn er beim Kochen verwendet wird. Neben einer langen Liste von Mineralstoffen finden sich in Ingwer hauptsächlich die Vitamine B 6, E und C. Aufgrund seiner medizinischen Qualitäten wird er in China schon seit über 2000 Jahren dazu verwendet, verschiedene Leiden zu behandeln.

FRISCHER KNOBLAUCH (21)
In großen Mengen genossen, kann Knoblauch ein paar ernsthafte gesundheitliche Vorteile für das Kreislaufsystem bieten und auch gegen gewisse Krebsarten schützen. Aber auch in kleinen Dosen regelmäßig konsumiert, trägt Knoblauch zu einer allgemeinen guten Gesundheit bei. Er ist fettarm, völlig cholesterinfrei und hilft Ihrem Körper dabei, Kalzium aus anderen Quellen aufzunehmen.

VANILLEEXTRAKT (22)
Vanilleextrakt wird sowohl zum Kochen als auch für medizinische Zwecke verwendet. Man sagt ihm eine aphrodisierende Wirkung nach, und er wird meist dazu verwendet, Getränke und Gebäck zu aromatisieren. Er enthält Spuren wertvoller Mineralstoffe und einen besonders hohen Gehalt an Kalium, welches dabei hilft, den Blutdruck und die Herzfrequenz zu kontrollieren.

## ÖLE

Es ist wichtig, alle raffinierten Öle loszuwerden und sie durch ein paar gesunde, unraffinierte Öle zu ersetzen. Ich habe nur ein paar aufgezählt, weil Sie, ehrlich gesagt, für alle Zwecke beim Kochen nur wenige verschiedene Öle benötigen. Die von mir aufgelisteten Öle helfen dem Stoffwechsel dabei, effektiv zu funktionieren. Außerdem nähren sie unsere Haut, Haare und Nägel.

KOKOSÖL (23)
Es hält unser Herz gesund, bekämpft Infektionen, verbessert Verdauung und Stoffwechsel und fördert sogar die Gesundheit von Haut und Haaren. Deshalb ist Kokosöl in meinem Buch die Mutter aller Öle. Da es auch bei hohen Temperaturen nicht zerfällt, ist es für die meisten Verwendungszwecke beim Kochen fantastisch geeignet.

OLIVENÖL (24)
Achten Sie darauf, ungefiltertes, kaltgepresstes Öl aus der ersten Pressung (nativ extra) zu kaufen, weil es mehr Nährstoffe enthält als die gefilterte Variante. Olivenöl enthält Antioxidantien, die gut fürs Herz sind, aber wenn es zu stark erhitzt wird, werden diese nützlichen Verbindungen abgebaut. Daher verwenden Sie es am besten für eine Salatsoße oder bei milder bis mittlerer Hitze zum Kochen.

## KRÄUTER UND GEWÜRZE

Beim Kochen Gewürze zu verwenden, ist die beste Art, einem Gericht gleichzeitig Geschmack und Nährstoffe hinzuzufügen. Schon eine Prise Gewürz kann ein fades Essen interessanter und für den Körper wertvoller machen.

KURKUMA (25)
Dieses Gewürz besitzt einen bitteren, aber warmen Geschmack und wird am häufigsten für Currys verwendet. Aufgrund seiner entzündungshemmenden Eigenschaften wird es seit Langem für medizinische Zwecke genutzt, und in der chinesischen Medizin behandelt man damit Depressionen. Jüngere Forschungen haben auch gezeigt, dass es ein starkes Antioxidans ist, das helfen kann, den Cholesterinspiegel zu kontrollieren.

ZIMT (26)
Zimt weist eine der höchsten bekannten antioxidativen Stärken auf und ist eine ausgezeichnete Quelle für Vitamine und Mineralstoffe. 1 TL gemahlener Zimt besitzt so viel antioxidative Stärke wie eine Tasse Granatapfelsaft oder eine halbe Tasse Blaubeeren. Er verfügt über starke entzündungshemmende und antiseptische Eigenschaften und kann für eine gesunde Verdauung förderlich sein.

CAYENNEPFEFFER (27)
Cayennepfeffer wurde im Lauf der Geschichte für Entgiftungskuren verwendet, weil er den Kreislauf und die Verdauung anregt und Säure im Körper neutralisiert.

KREUZKÜMMEL (28)
Mit gemahlenem Kreuzkümmel zu kochen, ist eine fantastische Möglichkeit, den Körper mit Magnesium zu versorgen. Magnesium ist für eine optimale Gesundheit des Herzens unerlässlich und ist gleichermaßen dabei hilfreich, den Blutdruck zu kontrollieren. Kreuzkümmel ist auch eine reichhaltige Quelle für Eisen, welches unser Körper benötigt, um Sauerstoff zu den Zellen zu transportieren.

PAPRIKAPULVER (29)
Paprikapulver verleiht einem Gericht eine leuchtend rote Farbe. Es ist vollbeladen mit Karotinoiden, die für die Gesundheit der Augen fantastisch sind. Es enthält auch extrem viel Vitamin A, welches für ein gesundes Immunsystem und Zellwachstum unerlässlich ist.

## SUPERFOOD-SUPERHELDEN

Über diese Lebensmittel rede und schreibe ich vermutlich am liebsten. Selbstverständlich könnte ich noch jede Menge mehr aufzählen, aber für die Rezepte in diesem Buch verfügen die unten genannten Superhelden über die unschlagbare Kombination, dass sie leichter erhältlich sind, leichter in Rezepte integriert werden können und dabei noch eine extrem hohe Nährstoffdichte besitzen. Auf den ersten Blick mögen Superfoods kostspielig erscheinen, aber Sie sollten bedenken, dass Sie nur eine Prise benötigen, um einen riesigen Schuss Nährstoffe zu erhalten.

GOJI-BEEREN (30)
In der chinesischen Medizin gelten Goji-Beeren als Geheimmittel für ein langes Leben und sind dafür bekannt, das Immunsystem zu stärken. Sie enthalten 18 verschiedene Aminosäuren, darunter die acht essentiellen, und eine unglaublich große Menge an Antioxidantien.

ROHES KAKAOPULVER (31)
Rohes Kakaopulver ist das Größte, weil es – anders als normales Kakaopulver – nicht geröstet oder gekocht wurde und deshalb noch alle ursprünglichen gesundheitlichen Vorteile enthält. Rohkakao gehört zu den Lebensmitteln mit dem höchsten Gehalt an Antioxidantien und ist gleichzeitig eine der besten pflanzlichen Quellen für Magnesium, welches uns dabei hilft, entspannt zu bleiben.

BAOBAB-PULVER (32)
Das neueste Superfood, das aus Afrika auf den Markt gekommen ist, ist Baobab. Es enthält mehr Eisen als rotes Fleisch, mehr Vitamin C als Orangen und ist eine großartige Quelle für Kalzium, Kalium und Magnesium.

SPIRULINA (33)
Diese blaugrüne Alge wurde als das ursprüngliche „Superfood" angepriesen und verfügt über eine solche Nährstoffdichte, dass man sich theoretisch ausschließlich von Spirulina und Wasser ernähren könnte. Unmengen von Studien wurden durchgeführt, um den Status von Spirulina als DAS Nährstoff-Kraftpaket zu beweisen. Sie enthält ca. 60 Prozent Proteine und alle essentiellen Aminosäuren sowie zusätzlich einen hohen Chlorophyllanteil, ist also ein großartiges Entgiftungsmittel.

BLÜTENPOLLEN (34)
Blütenpollen enthalten nahezu alle Nährstoffe, die wir benötigen, mehr Eiweiß als jegliche andere tierische Quelle und – Gramm für Gramm betrachtet – mehr Aminosäuren als Rindfleisch, Eier oder Käse.

ACAI-BEEREN (35)
Die roten Trauben, die zur Herstellung von Wein verwendet werden, enthalten eine Verbindung namens Anthocyan, welches reich an Antioxidantien ist. Auch die Acai-Beere beinhaltet diese bestimmten Antioxidantien, aber in bis zu 30-facher Menge.

13
19
12
11
4
5
16
18
2
14
15
22
10
3
6
1
23
2
20
8
7
21
9
17

# SOLL

## VOLLKORNGETREIDE

PERLGRAUPEN (1)
Sie stecken voller Ballaststoffe und eignen sich als Ersatz für Arborio-Reis im Risotto, weil sie Aromen genauso gut aufnehmen. Außerdem sind sie cholesterinfrei und enthalten weniger als 1 g Fett pro Portion.

BUCHWEIZEN- UND SOBANUDELN (2)
Von allen Getreidesorten verbleibt Buchweizen (der eigentlich ein Samen ist) am längsten im Verdauungstrakt, weshalb er am besten sättigt. Dieses Korn ist in Wirklichkeit ein Verwandter des Rhabarbers und dafür berühmt, dass es den Blutzuckerspiegel stabilisiert – deshalb ist es vor allem für Diabetiker gut geeignet. Sobanudeln werden aus Buchweizenmehl hergestellt, d.h. die Nudeln sind wie die Körner auch glutenfrei.

## VOLLKORNMEHLE

KOKOSMEHL (3)
Dieses Mehl wird aus dem getrockneten Fruchtfleisch der Kokosnuss gewonnen und ist eine großartige Quelle für Laurinsäure, die das Immunsystem und die Schilddrüse unterstützt und gesunde Haut fördert.

## BOHNEN

SCHWARZE BOHNEN (4)
Forschungen haben gezeigt, dass der Darm von einer Ernährung profitiert, die reich an schwarzen Bohnen ist, was an ihrer Wirkung auf das Wachstum guter Bakterien liegt. Außerdem sind sie unglaublich kalorienarm, dabei aber gleichzeitig reich an Ballaststoffen und Kohlenhydraten.

EDAMAME (5)
Edamame werden aus noch nicht ganz ausgereiften Sojabohnen hergestellt. Sie sind eine fantastische Quelle für Ballaststoffe, Proteine, Omega-Fettsäuren und Kohlenhydrate und enthalten darüber hinaus viele weitere Vitamine und Mineralstoffe. Sie gehören zu den wenigen pflanzlichen Lebensmitteln, die alle essentiellen Aminosäuren enthalten und ergeben eine großartige Zwischenmahlzeit.

## NÜSSE UND SAMEN

PINIENKERNE (6)
Pinienkerne sind die Samen des Pinienzapfens. Sie sind reich an Magnesium und der Fettsäure Pinolensäure, die bei der Gewichtsreduktion helfen kann. Bereits eine kleine Handvoll reicht aus, um einen großen Nährstoffschub zu erhalten.

SESAMKÖRNER (7)
Sie sind eine ausgezeichnete Quelle für Kupfer, welches für die Funktion unserer Organe und einen effizienten Stoffwechsel unerlässlich ist. Und sie enthalten zwei besondere Substanzen: Sesamin und Sesamolin, die helfen das Cholesterin zu senken.

LEINSAMEN (8)
Leinsamen sind eine wahrhaft außergewöhnliche Quelle für Omega-3-Fettsäuren, die u. a. dabei helfen, Entzündungen im Körper abklingen zu lassen. Unser Körper kann von diesen Fetten allerdings nur profitieren, wenn die Samen gemahlen sind. Da sie so viel Fett enthalten, müssen Leinsamen im Kühlschrank oder Tiefkühlfach aufbewahrt werden, sonst verderben sie sehr schnell.

HANFSAMEN (9)
Genau wie Leinsamen enthalten auch Hanfsamen eine große Menge an Omega-3-Fettsäuren. Für Menschen, die auf tierische Produkte verzichten, sind Hanfsamen eine gute Alternative, weil sie auch über eine große Menge an hochwertigem Eiweiß verfügen.

## BUTTER

TAHINA (10)
Tahina wird aus gemahlenen Sesamkörnern hergestellt und ist in zwei Varianten erhält-

lich: aus geschältem Sesam (hell) und aus ungeschältem Sesam (dunkel). Bei der hellen Variante gehen im Laufe des Produktionsprozesses viele Nährstoffe verloren, während bei der dunklen die Sesamkörner weitestgehend intakt bleiben. Tahina aus ungeschälten Sesamkörnern ist reich an Mineralstoffen wie Phosphor, Lecithin und Magnesium. Außerdem ist sie eine großartige Quelle für Methionin, welches hilft, die Leber zu entgiften.

## PFLANZLICHE MILCHALTERNATIVEN

Heutzutage gibt es ein unglaublich großes Angebot, und die meisten davon sind randvoll mit wichtigen Nährstoffen, Vitaminen und Mineralstoffen. Diese Milchalternativen sind nicht nur gesünder als tierische Milch, sie sind auch viel länger haltbar, und es gibt sie in verschiedenen Geschmacksrichtungen.

### HAFERMILCH (11)

Hafermilch ist eine folsäure- und ballaststoffreiche Alternative zu tierischer Milch, die einen zu hohen Cholesterinspiegel senken kann. Haferflocken sind auch dafür bekannt, das Immunsystem zu stärken, während sie gleichzeitig vor Herz-Kreislauf-Erkrankungen schützen.

### KOKOSMILCH (12)

Diese erstaunlich nährstoffreiche Milchalternative wird aus dem Fruchtfleisch der Kokosnuss hergestellt. Sie enthält die Vitamine B, C und E und ist darüber hinaus reich an Eisen, Phosphor, Kalium und Magnesium.

### MANDELMILCH (13)

Das ist eine ganz fantastische Option für Menschen mit Sojaallergie. Sie besitzt einen nussigen, cremigen Geschmack und lässt sich ganz leicht selbst zubereiten. Mandelmilch ist gut für das Herz, weil sie absolut kein Cholesterin und keine gesättigten Fettsäuren enthält.

## TROCKENFRÜCHTE UND NATÜRLICHE SÜSSUNGSMITTEL

### APRIKOSEN (14)

Aprikosen gehören zu meinen Lieblingstrockenfrüchten, weil sie kalorienarm, aber reich an Ballaststoffen, Vitamin C und Vitamin A sind. Letzteres ist gut für Ihr Sehvermögen.

### AHORNSIRUP (15)

Er besitzt einen niedrigeren glykämischen Index als raffinierter Zucker und kann sich mit 54 verschiedenen Antioxidantien brüsten – das ist doppelt so viel wie ursprünglich angenommen. Ersetzen Sie 200 g Zucker durch ca. 120 ml Ahornsirup.

### ROHER HONIG (16)

Honig wird meist erhitzt, wobei ein paar seiner Enzyme, Antioxidantien und antibakteriellen Eigenschaften zerstört werden. Roher Honig besitzt einen außergewöhnlich hohen Nährwert. Ersetzen Sie 200 g Zucker durch ca. 120 ml bzw. 160 g Honig.

## WÜRZMITTEL

### SAUERKRAUT (17)

Dieses traditionelle Gericht wird aus Weißkohl hergestellt. Wenn Weißkohl fermentiert, wachsen lebende, freundliche Bakterien und bekämpfen schlechte Bakterien, sobald das Sauerkraut in unser Verdauungssystem gelangt. Außerdem steckt es voller Ballaststoffe und enthält eine große Menge an Vitamin K und Vitamin C. Da es jedoch auch ziemlich viel Natrium enthält, sollten Sie es in Maßen genießen.

### OLIVEN (18)

Oliven sind von Natur aus köstlich und besitzen eine Bandbreite an gesundheitlichen Vorteilen. Sie sind in der Lage, das Verdauungssystem anzuregen, das schlechte Cholesterin im Körper zu reduzieren und den Blutzucker zu kontrollieren. Darüber hinaus sind sie eine gute Quelle für Ballaststoffe und Antioxidantien sowie eine Reihe essentielle Mineralstoffe.

## ÖLE

LEINÖL (19)
Die 3 in Omega-3-Fettsäuren bezieht sich auf die großen drei, die aus Lebensmitteln aufgenommen werden. Leinöl enthält vor allem reichlich von einer von diesen drei: alpha-Linolensäure (ALA).

## KRÄUTER UND GEWÜRZE

BASILIKUM (20)
Basilikum ist zum Platzen voll mit sekundären Pflanzenstoffen, die den Körper nähren und helfen, Krankheiten zu bekämpfen. Es enthält außergewöhnlich hohe Mengen an Vitamin A und Beta-Carotin, die beide effektiv freie Radikale im Körper bekämpfen.

SENFKÖRNER (21)
Senfkörner sind eine großartige Quelle sowohl für Selen als auch für Magnesium, weshalb sie nützlich sind bei der Reduzierung von Symptomen bei Leiden wie Asthma und Arthritis. Sie eignen sich perfekt als Würzmittel oder als Zutat beim Kochen.

LORBEERBLATT (22)
Lorbeer ist eine leckere Möglichkeit, Currys und Suppen zu würzen, besitzt aber auch starke medizinische Eigenschaften, die Infektionen bekämpfen und Wunden heilen. Lorbeerblätter sind frisch, getrocknet oder in Pulverform erhältlich, werden aber meist als getrocknete ganze Blätter verwendet.

TAMARI (23)
Tamari wird aus fermentierten Sojabohnen hergestellt und ähnelt Sojasoße in Geschmack und Konsistenz. Im Normalfall ist sie jedoch gehaltvoller und dickflüssiger als Sojasoße und enthält auch weniger Salz. Darüber hinaus ist sie – anders als Sojasoße – für gewöhnlich glutenfrei. Tamari ist eine köstliche Quelle für Nicotinsäure, Eiweiß, Mangan und auch Tryptophan, was sie zu einer gesunden Ergänzung für den Esstisch macht.

# KANN

## VOLLKORNGETREIDE

HIRSE (1)
Dieses uralte Getreide ist extrem reich an Magnesium, Kalium, Eisen, Ballaststoffen und Proteinen, und es existiert schon seit Tausenden von Jahren. Ich persönlich mag es, weil es Silizium enthält, welches Haut, Haare und Nägel stärkt. Außerdem ist es glutenfrei.

BULGUR (2)
Bulgur wird hergestellt, indem Weizenkörner vorgekocht und grob gemahlen werden. Er ist reich an Proteinen und Mineralstoffen und dient als Alternative zu Reis oder Pasta.

## VOLLKORNMEHLE

BUCHWEIZENMEHL (3)
Sie wissen bereits, dass Buchweizenkörner gut für Sie sind. Als Mehl liebe ich sie noch mehr, weil man damit fantastische Pfannkuchen, Törtchen und Brote backen kann.

DINKELMEHL (4)
Dinkel ist ein uraltes Getreide und ein entfernter Cousin des Weizens, der leichter verdaulich ist als Weizen selbst. Er kann sich eines außergewöhnlich hohen Mineralstoffgehalts rühmen, einschließlich Eisen und Magnesium.

QUINOAMEHL (5)
Wie das Korn, so enthält auch das Mehl mehr Eiweiß als alle anderen Mehle. Es ist ein glutenfreies Mehl mit leicht nussigem Geschmack, das sich zur Herstellung von Plätzchen, Kuchen, Nudeln und Brot eignet.

## BOHNEN

ADZUKIBOHNEN (6)
Diese Bohnen besitzen eine rötlich-braune Farbe und einen süßen, nussähnlichen Geschmack. Sie werden sehr häufig in der asiatischen Küche verwendet und sind auf-

grund ihrer gesundheitsfördernden Eigenschaften in Japan besonders beliebt. Sie enthalten viele lösliche Ballaststoffe sowie eine Reihe von Nährstoffen wie Riboflavin, Nicotinsäure, Thiamin und Kalium.

CANNELLINI-BOHNEN (7)
Cannellini-Bohnen sind eine ballaststoffreiche, kalorienarme Proteinquelle, und sie versorgen den Körper mit wertvollen komplexen Kohlenhydraten. Diese Bohnen sind auch reich an Kalium, Zink, Eisen und vielen anderen wichtigen Vitaminen und Mineralstoffen.

TOFU (8)
Tofu ist eine großartige Möglichkeit für Vegetarier und Veganer, ihren Eiweißbedarf zu decken, und er ist die perfekte Ergänzung zu einer fett- und kalorienreduzierten Diät. Tofu selbst hat nicht viel Geschmack, nimmt aber bereitwillig den Geschmack der Lebensmittel, Kräuter und Gewürze an, mit denen Sie ihn zusammen kochen.

## NÜSSE UND SAMEN

CASHEWKERNE (9)
Diese Kerne strotzen nur so vor Vitaminen, Mineralstoffen und Ballaststoffen, enthalten aber besonders viel von der für das Herz gesunden, einfach ungesättigten Fettsäure Ölsäure. Diese essentielle Fettsäure hilft dabei, das schlechte LDL-Cholesterin zu reduzieren und das gute HDL-Cholesterin zu erhöhen. Trotzdem sollten Sie sich davor hüten, zu viel davon zu genießen, weil 100 g Cashewkerne 550 Kalorien enthalten.

PARANÜSSE (10)
Wodurch Paranüsse sich von anderen Nüssen abheben, ist die unglaublich hohe Menge an Selen, die sie enthalten. Selen stärkt die Fähigkeit unseres Körpers, freie Radikale zu bekämpfen und unterstützt die Gesundheit der Schilddrüse. Bereits ein oder zwei Paranüsse am Tag versorgen Ihren Körper mit einer ausreichenden Menge dieses Spurenelements.

SONNENBLUMENKERNE (11)
Der Superstar in diesen kleinen Kernen ist ganz zweifellos das Vitamin E mit seinen antioxidativen Eigenschaften. Vitamin E hilft nicht nur bei arthrosebedingten Schmerzen, sondern hält auch Ihre Haut jung, weil es gegen UV-Strahlen schützt.

## BUTTER

HASELNUSSBUTTER (12)
Diese Butter wird aus zerkleinerten und pürierten Haselnüssen hergestellt und ist sowohl reich an natürlichen Fetten als auch an essentiellen Vitaminen und Mineralstoffen. Sie enthält auch große Mengen an Phytosterinen, die zu den wirkungsvollsten Antioxidantien gehören. Sie ist zwar kalorienreich, aber bereits eine kleine Menge Haselnussbutter sorgt dafür, dass Sie sich satt fühlen.

KAKAKOBUTTER (13)
Bei dieser Butter handelt es sich um das reine, kaltgepresste Öl aus der Kakaobohne, welche die Quelle für alle Kakaoprodukte ist. Eine wunderbare Zutat für eine gesunde Schokoladensoße.

## MEERESALGEN

WAKAME (14)
Das ist die Alge, die meistens für Miso-Suppe verwendet wird. Wakame liegt nicht nur ganz weit oben auf der Nährstoffskala, sondern ist auch noch unglaublich kalorienarm und soll tatsächlich bei der Fettverbrennung helfen.

KOMBU (15)
Wenn Sie Ihre Bohnen selbst kochen, statt sie in der Dose zu kaufen, dann ist Kombu die perfekte Meeresalge, um bei der Verdauung von Bohnen zu helfen. Kombu enthält Glutaminsäure, die dabei hilft, die schwerverdaulichen Zucker in Bohnen aufzuspalten.

17
16
12
22
21
8
7
6
11
36
24
1
20
23
19
18
2
29
30
25
26
28
4
33
31
32
34
35
27
5
3
14
15
9
10
13

## PFLANZLICHE MILCHALTERNATIVEN

SOJAMILCH (16)
Sojamilch enthält sehr viel Eiweiß und wird oft mit Vitamin B 12 angereichert, das von Natur aus nur in tierischen Produkten in ausreichender Menge vorkommt. Der Genuss dieser Art Milch versorgt den Körper mit einer Reihe wichtiger Nährstoffe und Antioxidantien.

REISMILCH (17)
Von allen hier aufgeführten Milcharten ist Reismilch diejenige, die am wenigsten Allergien auslöst, und somit die beste Alternative für Menschen, die Milch, Soja und Nüsse meiden müssen. Sie enthält weder gesättigte Fettsäuren noch Cholesterin und ist eine großartige Quelle für essentiell wichtige B-Vitamine. Reismilch kann sich auch mit einer großen Menge an Antioxidantien brüsten und beim Immunsystem Wunder wirken.

## TROCKENFRÜCHTE UND NATÜRLICHE SÜSSUNGSMITTEL

KORINTHEN (18)
Korinthen sind Verwandte der Rosinen und besitzen in puncto Antioxidantien und Nährstoffe ein ähnliches Profil.

CRANBERRYS (19)
Von Blaubeeren abgesehen, übertrumpfen Cranberrys so ziemlich jede Obst- und Gemüsesorte – einschließlich Erdbeeren, Himbeeren, Kirschen und sogar Spinat und Brokkoli! –, was den Gehalt an Antioxidantien betrifft. Sie enthalten außerdem viel Vitamin C.

BRAUNER REISSIRUP (20)
Er wird aus braunem, also Naturreis, hergestellt, der eingeweicht, zum Keimen gebracht und anschließend mit einem Enzym gegart wird, das dabei hilft, ihn aufzuspalten. Er ist fruktosefrei und besitzt einen niedrigen glykämischen Index. Deshalb wird er auch nicht Ihren Blutzuckerspiegel in die Höhe schießen lassen, wie raffinierter weißer oder brauner Zucker das tun. Ersetzen Sie 200 g Zucker durch 240–315 ml braunen Reissirup.

## WÜRZMITTEL

UMEBOSHI (21)
Der Genuss dieser eingelegten japanischen Pflaumen regt die Verdauung an, bekämpft Müdigkeit und hilft, Giftstoffe auszuscheiden. Sie sollen auch ein wirksames Mittel gegen einen Kater sein und eines der besten vorbeugenden medizinischen Lebensmittel, die man bekommen kann.

KAPERN (22)
Kapern sind die Blütenknospen des Kapernstrauchs. Sie werden frisch gepflückt und anschließend in Salzlake, Salz oder Weinessig konserviert. Obwohl sie so klein sind, sind sie ungeheuer geschmackvoll und nährstoffreich. Aufgrund ihres hohen Eisengehalts sind sie besonders gut für die roten Blutkörperchen.

GETROCKNETE TOMATEN (23)
Diese leckere Zutat ist arm an Kalorien und Fett, aber reich an Nährstoffen. In dieser Form enthalten Tomaten besonders viele Ballaststoffe, Kalium, Kupfer und Vitamin C.

NÄHRHEFE (24)
Falls Sie keine tierischen Produkte essen, dann ist ein entscheidender Nährstoff, den Sie von irgendwo anders herbekommen müssen, Vitamin B 12. Mit 1 EL Nährhefe können Sie Ihren Tagesbedarf an Vitamin B 12 decken.

GRÜNTEEPULVER MATCHA (25)
Das ist die pulverisierte Form des Grüntees, aber sehr viel wirkungsvoller: 1 Tasse Matcha-Tee enthält zehnmal so viele Antioxidantien wie Grün- oder Schwarztee und – Gramm für Gramm betrachtet – zehn- bis zwanzigmal so viele Antioxidantien wie Blaubeeren, Acai-Beeren oder Granatäpfel.

HIMALAYASALZ (26)
Das ist ein gesundes rosa Salz aus dem Himalayagebirge, von dem man annimmt, dass es das reinste Salz der Erde ist. Seine Farbe deutet auf seinen hohen Gehalt von mindestens

80 verschiedenen Mineralstoffen hin. Es hilft, die Flüssigkeitsaufnahme zu steigern, den Blutdruck zu senken und die Durchblutung zu verbessern.

KNOBLAUCHPULVER (27)
Hierfür werden Knoblauchzehen getrocknet und gemahlen. Sein Nährstoffgehalt ist vergleichbar mit dem von rohem Knoblauch, und es wird seit jeher sowohl für medizinische Zwecke als auch zum Kochen verwendet.

## KRÄUTER UND GEWÜRZE

MAJORAN (28)
Er gehört zu den beliebtesten mediterranen Kräutern, besitzt einen leicht scharfen, aber süßlichen Geschmack und enthält große Mengen an Vitamin C.

KÜMMEL (29)
Diese aromatischen Samen enthalten eine riesige Menge an verschiedenen gesundheitsfördernden Nährstoffen, Antioxidantien und Mineralstoffen. Aufgrund ihres hohen Ballaststoffgehalts sind sie großartig für die Darmgesundheit und gegen Blähungen.

FENCHEL (30)
Fenchelsamen kann man ganz oder zu Pulver vermahlen kaufen. Sie wurden in der Medizin verwendet, um die Verdauung zu unterstützen. Es empfiehlt sich immer, Fenchelsamen in einem luftdicht verschlossenen Behälter im Kühlschrank aufzubewahren, weil sie sonst recht schnell ihr Aroma verlieren können. Sie enthalten jede Menge lebenswichtiger B-Vitamine sowie die Vitamine A, E und C.

ROSMARIN (31)
Rosmarin ist besonders reich an B-Vitaminen, wie z.B. Riboflavin und Folsäure. Letztere ist besonders wichtig für Schwangere, weil sie dabei hilft, Neuralrohrdefekte zu verhindern. Neben einer Reihe verschiedener Mineralstoffe kommen in Rosmarin auch die Vitamine A und C sowie Eisen vor.

SALBEI (32)
Dieses Kraut ist besonders nützlich für Menschen, die unter Fieber oder Schlafstörungen leiden. Salbei kann beim Kochen, in Tees und auch in Kapselform als Nahrungsergänzungsmittel verwendet werden.

THYMIAN (33)
Thymian ist eines der beliebtesten Küchenkräuter und verfügt über zahlreiche gesundheitsfördernde Eigenschaften. Selen, Mangan, Magnesium, Kalzium, Eisen und Kalium lassen sich in den Thymianblättchen finden. Wie bei den meisten anderen Kräutern, so gilt auch für Thymian, dass man ihn zum Kochen am besten frisch verwendet – er lässt sich ganz leicht zu Hause ziehen.

OREGANO (34)
Oregano kommt sehr häufig in der für das Herz gesunden mediterranen Ernährungsweise vor. Die Blätter schmecken aromatisch, aber auch leicht bitter, was den Gerichten einen komplexen Geschmack verleiht. Oregano ist eine ausgezeichnete Quelle für Vitamin C, Kalium, Magnesium und Kalzium.

KREUZKÜMMEL (35)
Dieses Gewürz besitzt einen leicht nussigen Geschmack und ist im Ganzen oder gemahlen erhältlich, wobei die Körner aromatischer sind als das Pulver. Er enthält Unmengen von Eisen und ist dafür bekannt, das Verdauungssystem zu unterstützen. Studien lassen auch vermuten, dass er krebsverhindernde Eigenschaften besitzt.

## SUPERFOOD-SUPERHELDEN

LUCUMA (36)
Lucuma-Pulver ist ein großartiges alternatives Süßungsmittel aus der Frucht des südamerikanischen Lucuma-Baumes. Anders als die meisten künstlichen Süßungsmittel, die keinen Nährwert besitzen, ist Lucuma ein wunderbares natürliches, ballaststoffreiches Süßungsmittel, das Ihren Blutzuckerspiegel nicht in die Höhe schießen lässt.

# FRÜHSTÜCK

Das englische Wort für Frühstück (breakfast) bedeutet wörtlich übersetzt „Fastenbrechen", weil es die erste Mahlzeit ist, die man nach dem Nachtschlaf einnimmt. Es ist unglaublich wichtig, sich morgens nach einer Nacht des Fastens richtig zu ernähren, weil man dann den ganzen Tag über viel mehr Energie hat und leistungsfähiger ist. Wenn Sie Ihren Stoffwechsel anregen wollen, dann geht das am besten und schnellsten, indem Sie frühstücken. Und vergessen Sie nicht, dass das Überspringen von Mahlzeiten – vor allem des Frühstücks – oft dazu führt, dass man bei der nächsten Mahlzeit zu viel isst. Eine großartige Möglichkeit, sich anzugewöhnen, ein gesundes, nährstoffreiches und energiespendendes Frühstück einzunehmen, ist, die Mahlzeit abends vor dem Zubettgehen zu planen. Wenn ich zum Beispiel weiß, dass ich am nächsten Morgen einen grünen Smoothie möchte, gebe ich alle Zutaten bereits am Vorabend in meinen Mixer. Am darauffolgenden Tag werde ich normalerweise vom Geräusch des Mixers geweckt, weil meine 16-jährige Tochter Emma ihn schon angeschaltet hat und den Smoothie selbst trinkt. Auch sie liebt grüne Smoothies!

# EINFACHES KNUSPERMÜSLI MIT **KÜRBISKERNEN** UND GOJI-BEEREN

**Traurigerweise besteht gekauftes Knuspermüsli zu einem Großteil aus Zucker. Wenn Sie Ihr eigenes Knuspermüsli zu Hause herstellen, dann haben Sie die Kontrolle darüber, in welchen Mengen das Gute hineinkommt, und Sie können mit verschiedenen Zutaten experimentieren. (Abb. s. S. 35)**

2 EL Kokosöl
90 g Haferflocken
170 g Buchweizengrütze
60 g Walnüsse, gehackt
35 g Kürbiskerne
55 g Goji-Beeren
2 EL roher Honig
2 EL Kokosblütenzucker

**4–6 Portionen**

Den Backofen auf 180 °C vorheizen. Das Kokosöl in einem Topf bei milder Hitze schmelzen und anschließend abkühlen lassen. Sobald es abgekühlt ist, alle Zutaten mit den Händen in einer Schüssel vermischen. Die Masse dünn auf einem Backblech verteilen und im vorgeheizten Backofen ca. 10 Minuten lang rösten, bis sie goldgelb ist. Abkühlen lassen und servieren oder in einem Behälter an einem kühlen und trockenen Ort aufbewahren.

BEREITS 35 G **KÜRBISKERNE** ENTHALTEN FAST DIE HÄLFTE DER EMPFOHLENEN TAGESDOSIS AN MAGNESIUM, WELCHES UNSEREM KÖRPER HILFT, SICH ZU ENTSPANNEN.

# GRÜNER **ACAI-BEEREN**-BREI

**In den letzten paar Jahren waren grüne Smoothies der letzte Schrei, und ich liebe sie immer noch, aber jetzt gibt es einen neuen Star: den Brei. Er ist viel hübscher und lässt sich ganz leicht mit köstlichen Zutaten belegen.**

1 Banane (gefroren, falls Sie einen kalten Brei mögen)
120 ml Kokoswasser
3 Datteln, entsteint
1 große Handvoll Spinat
1 Kiwi, geschält
1 TL Acai-Pulver (oder mehr, nach Belieben)

**Für den Belag**
Himbeeren
Kokoschips
Blütenpollen

**1 Portion**

Alle Zutaten in einen Mixer oder eine Küchenmaschine geben und pürieren.

Mit Himbeeren, Kokoschips und Blütenpollen belegen.

DIE **ACAI-BEERE** ENTHÄLT NICHT NUR REICHLICH ANTIOXIDANTIEN, DIE BEI DER BEKÄMPFUNG FREIER RADIKALER HELFEN, SONDERN SIE IST AUCH FANTASTISCH FÜR IHRE VERDAUUNG.

Kinder lieben Streusel und andere Dekorationen,
deshalb werden sie von diesem hübschen,
aber gesunden Frühstücksbrei begeistert sein.

# BUCHWEIZEN-PORRIDGE MIT **PAPAYA**-TOPPING

170 g Buchweizengrütze
480 ml Wasser
120 ml Mandelmilch (oder eine andere pflanzliche Milch)
1 TL Vanilleextrakt
1 EL Limettensaft

**Für das Papaya-Topping**
1 große Papaya
abgeriebene Schale von 1 Bio-Limette
½ TL gemahlener Zimt
¼ TL gemahlener Ingwer
¼ TL geriebene Muskatnuss
2 EL roher Honig
2 EL Kürbiskerne

**2 Portionen**

**Auf den ersten Blick mag Ihnen das Rezept kompliziert erscheinen, aber in Wirklichkeit ist es ganz einfach – besonders wenn es darum geht, den Buchweizen-Porridge zuzubereiten. Den Großteil davon können Sie nämlich schon am Vorabend erledigen, was vor allem dann ein Pluspunkt ist, wenn Sie schnell zur Arbeit oder die Kinder zur Schule bringen müssen.**

Die Buchweizengrütze mindestens 1 Stunde lang oder über Nacht in 480 ml Wasser einweichen. Anschließend abgießen und gut abspülen. Die eingeweichte Grütze, die Mandelmilch, den Vanilleextrakt und den Limettensaft in einen Mixer oder eine Küchenmaschine geben und gründlich pürieren.

Für das Topping die Papaya schälen, in Stücke schneiden und in ein großes Glas oder einen anderen Behälter geben. Die restlichen Zutaten hinzufügen und das Ganze mit einem großen Löffel zerdrücken. Dadurch läuft der Saft aus den Papayastücken. Achten Sie aber darauf, ein paar schöne Stücke ganz zu lassen. Das Glas bzw. den Behälter mit einem Deckel luftdicht verschließen und zum Marinieren in den Kühlschrank stellen, falls Sie die Zeit dazu haben. (Das lässt sich gut am Vorabend vorbereiten.)

Zum Servieren den Porridge in eine Schüssel füllen und mit reichlich Papaya-Topping belegen.

**PAPAYAS** SIND REICH AN VITAMIN A UND C UND ENTHALTEN DARÜBER HINAUS DAS VERDAUUNGSENZYM PAPAIN, DAS ZUR BEHANDLUNG VON VERDAUUNGSBESCHWERDEN VERWENDET WIRD. ES IST AUCH AUSGEZEICHNET BEI HAUTERKRANKUNGEN, WIE Z.B. AKNE.

Wenn Sie diese überaus leckeren und gesunden Pfannkuchen auch nur einmal probieren, wollen Sie nie wieder ein Frühstück auslassen.

# PFANNKUCHEN AUS ***CHIA-SAMEN*** UND KOKOSMEHL MIT BLAUBEER-BAOBAB-SOSSE

6 EL Chia-Samen
270 ml Wasser
60 g Kokosöl, geschmolzen, und zusätzlich zum Einfetten
300 ml Mandelmilch
1 TL Vanilleextrakt
50 g Kokosblütenzucker
100 g Kokosmehl
100 g Buchweizenmehl
1 ½ TL Backpulver
Ahornsirup zum Beträufeln (nach Belieben)

**Für die Blaubeer-Baobab-Soße**
150 g Blaubeeren
100 g Kokosblütenzucker
120 ml Wasser
2 EL Zitronensaft
1 EL Xanthan
1 EL Baobab-Pulver

**ergibt ca. 12 kleine Pfannkuchen**

**In diesem Rezept werden zwei nährstoffreiche Mehle miteinander kombiniert: Kokosmehl und Buchweizenmehl. Deshalb sind dies hier ein paar glutenfreie Pfannkuchen, die vor Gesundheit nur so strotzen.**

Für die Blaubeer-Baobab-Soße die Blaubeeren, den Kokosblütenzucker, 120 ml Wasser und den Zitronensaft in einem kleinen Topf erhitzen. Unter häufigem Rühren zu einem leisen Köcheln bringen. Mit einer Gabel die Blaubeeren zerdrücken, damit etwas Saft austritt. Das Xanthan und das Baobab-Pulver langsam einrühren und die Soße köcheln lassen, bis sie dickflüssig genug ist. Abkühlen lassen.

Die Chia-Samen 20 Minuten lang in dem Wasser einweichen. Das Kokosöl, die Mandelmilch, den Vanilleextrakt und den Kokosblütenzucker in eine große Schüssel geben und die Chia-Samen-Mischung hinzufügen. Das Kokosmehl, das Buchweizenmehl und das Backpulver unterrühren.

Eine antihaftbeschichtete Pfanne mit Kokosöl einfetten und bei mittlerer Hitze erwärmen. Pro Pfannkuchen einen Viertel Becher Teig in die Pfanne geben und auf der ersten Seite 2 Minuten lang backen, auf der zweiten Seite 1 Minute lang, bis sie goldbraun sind.

Zum Servieren die Pfannkuchen aufeinanderstapeln und mit der Blaubeersoße übergießen. Nach Belieben mit Ahornsirup beträufeln.

***CHIA-SAMEN*** SIND EIN GROSSARTIGER ERSATZ FÜR EIER, UND WEIL SIE AUF DAS ZEHNFACHE IHRER URSPRÜNGLICHEN GRÖSSE ANSCHWELLEN, WENN SIE MIT FLÜSSIGKEIT VERMISCHT WERDEN, FÜHLT MAN SICH LÄNGER SATT.

# CREMIGER FRÜHSTÜCKSBREI MIT **BASILIKUM** UND BLAUBEEREN

1 Handvoll klein geschnittene frische Kokosnuss
½ Banane
½ Avocado, geschält, entsteint und klein geschnitten
¼ Gurke
1 Handvoll Blaubeeren und zusätzlich zum Servieren, falls gewünscht
2 Datteln, entsteint
8 frische Basilikumblätter
Saft von 1 Limette
1 Stück frischer Ingwer (2,5 cm)
240 ml Kokoswasser
Kokosraspel zum Servieren

**Zum Bestreuen nach Belieben**
Blütenpollen
Chia-Samen
Goji-Beeren

**1 Portion**

**Keine Angst: Dieser Brei schmeckt nicht nach Salat! In ihm verstecken sich ein paar Super-Gemüse, u. a. Avocado, die ihm seine cremige Konsistenz verleiht. Die Blaubeeren sorgen für eine tolle Farbe und helfen, das „Grüne" zu verschleiern, was besonders schlau ist, wenn man seine Kinder dazu bringen möchte, diesen Frühstücksbrei zu essen. Glauben Sie mir: Sie werden sich genauso darauf stürzen wie meine Kinder, weil sie ihn ganz einfach mögen.**

Alle Zutaten in einen Mixer oder eine Küchenmaschine geben und gründlich pürieren.

Zum Servieren in eine Schüssel füllen und mit Blaubeeren und Kokosraspel bestreuen. Für ein echtes Superfood-Frühstück mit den anderen möglichen Zutaten bestreuen.

*Wenn Sie alle Zutaten bereits am Vorabend in den Mixer oder die Küchenmaschine geben, dann müssen Sie morgens nur noch auf den Knopf drücken et voilà – das Frühstück ist fertig!*

**BASILIKUM** GEHÖRT ZU DERSELBEN FAMILIE WIE MINZE UND GILT AUFGRUND SEINES BEEINDRUCKEND HOHEN VITAMIN-K-GEHALTES ALS EINES DER GESÜNDESTEN KRÄUTER. VITAMIN K IST WICHTIG FÜR DIE BLUTGERINNUNG.

# KOKOS – MANDEL – QUINOA MIT **PFLAUMEN**KOMPOTT

170 g Quinoa
600 ml Kokosmilch (oder eine andere pflanzliche Milch)
2 TL gemahlener Zimt
1 TL Vanilleextrakt

**Für das Pflaumenkompott**
4 EL Mandelbutter (oder eine andere Nussbutter, die Sie zur Hand haben)
6 mittelgroße Pflaumen
100 g Kokosblütenzucker
240 ml Wasser
1 Zimtstange

**Zum Servieren**
roher Honig zum Beträufeln
Kokosraspel zum Bestreuen

**4 Portionen**

**Ich bekomme immer dieselbe Frage gestellt: „Quinoa zum Frühstück?" Und die Antwort lautet: „Ja!" Das schmeckt so köstlich, und genau wie Haferbrei macht es Sie stundenlang satt und sorgt den ganzen Vormittag über für Energie. Bei dieser Zusammenstellung der Zutaten kommt auch das Protein nicht zu kurz, und zwar aufgrund der Kombination von Quinoa und Mandelbutter. Ich habe den Brei extra für alle Süßschnäbel auf gesunde Art schön süß gemacht.**

Die Quinoa und die Kokosmilch in einem mittelgroßen Topf vermischen und zum Kochen bringen. Den Zimt und den Vanilleextrakt hinzufügen und zugedeckt bei milder Hitze 15–20 Minuten lang köcheln lassen.

In der Zwischenzeit das Pflaumenkompott zubereiten. Hierfür die Pflaumen halbieren, die Steine entfernen und die Pflaumenhälften in Stücke schneiden. Den Kokosblütenzucker, 240 ml Wasser und die Zimtstange in einem Topf vermischen und bei mittlerer bis starker Hitze zum Kochen bringen. Die Pflaumen hinzufügen und so lange köcheln lassen, bis sie weich sind. Anschließend mit einer Gabel leicht zerdrücken.

Sobald der Quinoabrei gar, aber noch ein bisschen flüssig ist, auf 4 Schüsseln verteilen und je 1 EL Mandelbutter unterrühren. Das Pflaumenkompott darübergeben, mit Honig beträufeln und mit Kokosraspeln bestreuen.

**PFLAUMEN** ENTHALTEN GENAUSO VIELE ANTIOXIDANTIEN UND SEKUNDÄRE PFLANZENSTOFFE WIE BLAUBEEREN. WICHTIG IST NUR, DASS SIE DIE PFLAUMEN NIEMALS SCHÄLEN, WEIL SICH VIELE ANTIOXIDANTIEN UND SEKUNDÄRE PFLANZENSTOFFE IN DER SCHALE VERSTECKEN.

# **BANANEN**-FRENCH-TOAST MIT KOKOSSAHNE

2 sehr reife Bananen und zusätzliche Bananenscheiben zum Servieren
300 ml Kokosmilch (oder eine andere pflanzliche Milch)
1 EL Chia-Samen
1 EL gemahlene Leinsamen
½ TL gemahlener Zimt
½ TL geriebene Muskatnuss
½ TL Vanilleextrakt
Kokosöl zum Einfetten
8–10 Scheiben Dinkelbrot

**Für die Kokossahne**
1 Dose Kokosmilch (400 ml)
1 EL Ahornsirup und zusätzlich zum Servieren
½ Vanilleschote

**4–6 Portionen**

**Ich kann mich noch an einige Samstage erinnern, an denen ich in den Vereinigten Staaten zu dem perfekten French Toast meiner Mutter erwachte. Dies hier ist eine gesunde Abwandlung dieser köstlichen Leckerei – perfekt als Frühstück im Bett.**

Am Vorabend der Zubereitung die Dose mit Kokosmilch in den Kühlschrank stellen.

Für die Kokossahne aus der gekühlten Dose Kokosmilch die Sahne abschöpfen und das restliche Wasser z.B. für einen Smoothie verwenden. Die Kokossahne in eine Rührschüssel geben und den Ahornsirup hinzufügen. Das Mark aus der Vanilleschote kratzen und in die Schüssel geben. Mit einem elektrischen Handrührgerät die Sahne sehr luftig aufschlagen.

Für den French Toast die Bananen zusammen mit der Kokosmilch, den Chia-Samen, den gemahlenen Leinsamen, dem Zimt, der Muskatnuss und dem Vanilleextrakt zu einem dickflüssigen Teig verarbeiten.

Die Brotscheiben portionsweise in den Teig tauchen und auf jeder Seite ca. 5–10 Sekunden lang einweichen. Die mit Teig vollgesogenen Brotscheiben mit einer Gabel in die eingefettete, erhitzte Pfanne legen und auf jeder Seite 3–4 Minuten lang braten, bis sie goldbraun sind.

Sofort mit Kokossahne, Ahornsirup und weiteren Bananenscheiben servieren.

WIE WIR ALLE WISSEN, SIND **BANANEN** REICH AN KALIUM. SIE ENTHALTEN ABER ZUSÄTZLICH NOCH HOHE MENGEN AN TRYPTOPHAN, WELCHES IN SEROTONIN UMGEWANDELT WIRD UND UNS GLÜCKLICH MACHT!

# **PILZE** AUF DINKELTOAST

250 g gemischte frische Pilze (z.B. Austern-, Shiitake- oder Reishi-Pilze)
2 EL Kokosöl
1 kleine Zwiebel, gehackt
35 g Mandeln, grob gehackt
2 Knoblauchzehen, gehackt
1 Handvoll Spinat
½ TL Cayennepfeffer
½ TL gemahlene Kurkuma
2 Scheiben Dinkelbrot, getoastet
1 Zitrone, halbiert
Balsamessig zum Beträufeln

**4–6 Portionen**

**Dieses Rezept ist unglaublich flexibel, weil die Pilze, die ich hier aufgeführt habe, nur Beispiele sind für die vielen verschiedenen Pilze, die Sie hierfür verwenden können. Seien Sie also ruhig wagemutig und probieren Sie auch einmal andere interessante Arten aus – es stehen so viele verschiedene zur Auswahl. (Abb. s. S. 49)**

Achten Sie darauf, die Pilze zuerst gründlich zu säubern. Große Pilze in Scheiben schneiden, kleinere ganz lassen.

Das Kokosöl in einer Pfanne schmelzen lassen, dann die gehackte Zwiebel hinzufügen. Bei mittlerer Hitze glasig dünsten.

Die Pilze hinzufügen, im Kokosöl wenden und ca. 3 Minuten lang dünsten, bis sie anfangen, weich zu werden.

Die Mandeln, den Knoblauch, den Spinat, den Cayennepfeffer und die Kurkuma hinzufügen und mehrere Minuten lang braten. Vom Herd nehmen und die Pilzmischung auf die getoasteten Brotscheiben häufen.

Die Zitrone über den Pilzen auspressen und vor dem Servieren etwas Balsamessig darüberträufeln.

**PILZE** SIND DIE EINZIGEN VEGETARISCHEN LEBENSMITTEL, DIE VITAMIN D ENTHALTEN. VITAMIN-D-MANGEL IST BEI UNS AUF DEM VORMARSCH. WIR BENÖTIGEN ES UNTER ANDEREM FÜR DIE EFFEKTIVE AUFNAHME VON KALZIUM.

# CHILI-**AVOCADO**-MUS UND KOKOSÖL AUF ROGGENBROT

2 reife Avocados, geschält, entsteint und klein geschnitten
2 Frühlingszwiebeln, klein geschnitten
1 Knoblauchzehe, zerdrückt
½ TL Meersalz
1 TL getrocknete Chiliflocken
Saft von 1 Limette
4 Scheiben Roggenbrot
4 EL Kokosöl
frisch gemahlener schwarzer Pfeffer

**4 Portionen**

**Das ist für mich das wohl beste Frühstück aller Zeiten. Das Großartige an diesem Rezept ist jedoch, dass es sich auch perfekt als Zwischenmahlzeit eignet. Ich bestreiche so ziemlich alles gerne dick mit Avocado und Kokosöl. In diesem Gericht werden die beiden miteinander kombiniert und durch ein paar weitere Zutaten ergänzt, sodass es supergesund, supersättigend und superenergiespendend wird.**

Die reifen Avocados, die Frühlingszwiebeln, den Knoblauch, das Meersalz, die Chiliflocken und den Limettensaft in einer kleinen Schüssel vermischen und mit einer Gabel gründlich zerdrücken.

Das Roggenbrot toasten und, solange es noch warm ist, mit je 1 EL Kokosöl bestreichen.

Das Avocadomus gleichmäßig auf den Brotscheiben verteilen und mit schwarzem Pfeffer würzen.

DIE MEISTEN MENSCHEN GLAUBEN, DASS DIE FETTHALTIGE UND KALORIENREICHE **AVOCADO** NICHT GUT FÜR EINE GEWICHTSREDUKTION WÄRE. FORSCHUNGEN LEGEN INZWISCHEN NAHE, DASS EINFACH UNGESÄTTIGTE FETTSÄUREN, WIE SIE IN AVOCADOS VORKOMMEN, WENIGER ALS FETT GESPEICHERT, SONDERN EHER ALS ENERGIE VERWENDET WERDEN.

# SCHOKOLADEN-***CHIA***-FRÜHSTÜCKSPUDDING

360 ml ungesüßte Mandelmilch
5 Datteln, entsteint
½ TL Kakaopulver
½ TL gemahlener Zimt
1 Prise gemahlene Nelken
1 Prise geriebene Muskatnuss
1 Prise gemahlener Ingwer
40 g Chia-Samen

**2 Portionen**

**Schokolade zum Frühstück? Aber natürlich! Das ist in diesem Fall erlaubt, weil wir für dieses Rezept das einzig Wahre verwenden, nämlich echten Kakao. Dieser steckt randvoll mit Antioxidantien und einer ganzen Reihe anderer Dinge, die Ihrem Körper und Geist gut tun. Mein jüngster Sohn Nestor ist schokoladensüchtig. Wenn dieser ganz besondere Frühstückspudding im Angebot ist, sagt er immer, ich sei die allerbeste Mami auf der ganzen weiten Welt. Vielleicht sollte ich ihn öfter zubereiten!**

Die Mandelmilch, die Datteln, das Kakaopulver, den Zimt, die Nelken, die Muskatnuss und den Ingwer in einen Mixer oder eine Küchenmaschine geben und so lange mixen, bis eine glatte Flüssigkeit entstanden ist. Diese in eine Rührschüssel füllen und die Chia-Samen unterrühren.

Die Mischung auf 4 kleine Schüsseln oder Einmachgläser verteilen und für ein paar Stunden oder über Nacht in den Kühlschrank stellen. So haben die Chia-Samen Zeit, auf das Zehnfache ihrer ursprünglichen Größe aufzuquellen und zu einem köstlichen, geleeartigen Frühstück zu werden.

BEREITS EINE 28-G-PORTION ***CHIA***-SAMEN ENTHÄLT 18 PROZENT DER EMPFOHLENEN TAGESDOSIS AN KALZIUM.

# GESUNDE SNACKS

Man nehme vier Kinder und ihre straffen Zeitpläne und kombiniere sie mit meinem eigenen Zeitplan – nun, ich muss zugeben, dass ich früher manchmal einfach das Essen vergaß und mich dann wunderte, warum ich mich den Tag über so schlapp fühlte. Aus diesem Grund entschied ich mich vor ein paar Jahren dazu, in meiner Küche ein paar gesunde Energiespender zu kreieren, die ich mir an diesen hektischen Tagen mitnehmen kann.
Wenn Sie also ein ungesundes Mittagessen hatten, das Frühstück ausgelassen haben oder ein üppiges Abendessen planen, dann sind diese Snacks, Leckereien, Säfte und Smoothies genau das Richtige, wenn Ihre Energiereserven zur Neige gehen oder Sie sich ganz einfach etwas Gutes in konzentrierter Form zu Gemüte führen wollen.

Sie können sie entweder sofort trinken oder in einen dicht verschließbaren Behälter umfüllen und unterwegs genießen, wenn Sie einen gesunden Muntermacher brauchen.

# PETERSILIEN-SMOOTHIE „GRÜNES LEUCHTEN“

**Ich habe viel Zeit damit verbracht, einen Smoothie zu perfektionieren, der mir nicht nur jede Menge Energie verleiht, sondern auch meine Haut zum Strahlen, meine Haare zum Glänzen und meine Augen zum Leuchten bringt.**

1 große Handvoll Mangold, Spinat oder Grünkohl
1 kleine Handvoll frische glatte Petersilie
1 kleine Handvoll Rucola
½ Banane
½ Birne
½ Papaya
180 ml Kokoswasser

**1 Portion**

Alle Zutaten in einen Mixer oder eine Küchenmaschine geben und gründlich pürieren. Sofort trinken oder für späteren Genuss in einen Behälter zum Mitnehmen füllen.

**PETERSILIE** KANN IHRE AUFNAHME VON EISEN UND VITAMIN K ERHÖHEN, DIE BEIDE WICHTIGE NÄHRSTOFFE FÜR GESUNDES BLUT SIND. BEREITS 2 EL GEHACKTE PETERSILIE ENTHALTEN 153 PROZENT DER EMPFOHLENEN TAGESDOSIS AN VITAMIN K.

# BLAUBEER-SPINAT-SMOOTHIE

**Um meine Smoothies mitzunehmen, verwende ich Einmachgläser. Dies ist einer meiner Lieblings-Smoothies, weil er Blütenpollen und Baobab enthält, was gleichbedeutend ist mit Eiweiß, Enzymen und Antioxidantien.**

120 ml Kokosmilch (oder eine andere pflanzliche Milch)
90 g gefrorene Blaubeeren
½ Banane (evtl. gefroren)
1 Handvoll Spinat, Mangold oder Grünkohl
1 Dattel, entsteint
1 EL Blütenpollen
1 EL Baobab-Pulver

**1 Portion**

Alle Zutaten in einen Mixer oder eine Küchenmaschine werfen und gründlich pürieren. Sofort trinken oder für späteren Genuss in einen Behälter zum Mitnehmen füllen.

STUDIEN HABEN GEZEIGT, DASS DER VERZEHR VON **SPINAT** IN FORM EINES SAFTES ODER SMOOTHIES DIE GESÜNDESTE ART IST, SEINE UNGLAUBLICHEN VORTEILE IN DEN KÖRPER ZU BEKOMMEN.

# KAROTTEN-BIRNEN-INGWER-SAFT

**Wenn ich diesen Saft zubereite, dann gebe ich gerne den Grünkohl zuerst in den Entsafter, vor allen anderen Zutaten, weil man so mehr von dem Guten aus dem Grünkohl extrahieren kann.**

2 Handvoll Grünkohl (nach Belieben)
4 Karotten
1 Birne
½ Zitrone, geschält
1 Stück frischer Ingwer (2,5 cm)

1 Entsafter

**1 Portion**

Alle Zutaten nacheinander durch den Entsafter drücken und genießen.

IM VERGLEICH ZU ANDEREN FRÜCHTEN ENTHALTEN **BIRNEN** RECHT WENIG ZUCKER, WESHALB SIE EINE GROSSARTIGE MÖGLICHKEIT SIND, IHREN SÜSSHUNGER ZU STILLEN, OHNE IHREN BLUTZUCKERSPIEGEL ZU TERRORISIEREN.

# **MATCHA** – HAFER – TRÜFFEL

100 g gemahlene Mandeln
130 g Hafermehl (oder aus Haferflocken selbst gemahlen)
2 EL roher Honig
2 EL Kokosöl, geschmolzen
50 g Macadamianüsse
4 TL Matcha (Grünteepulver)

ergibt ca. 16 Stück

**Diese Trüffel sind authentische, natürliche Energiebündel. Ich nenne diese kleinen Kerlchen meine Tasse Kaffee oder meinen Espresso, weil sie mich sofort aufwecken und SO viel besser für mich sind als eine Latte macchiato, ein Cappuccino oder Espresso. Essen Sie diese erstaunlichen Trüffel einmal, wenn Sie in der Nacht zuvor schlecht geschlafen haben oder wenn Sie an Ihrem Schreibtisch einschlafen – sie werden Sie im Handumdrehen wachrütteln.**

Die gemahlenen Mandeln, das Hafermehl, den Honig, das geschmolzene Kokosöl, die Macadamianüsse und 2 TL Matcha in eine Rührschüssel geben und zu einem klebrigen grünen Teig verarbeiten. Die Masse zu mundgerechten Kugeln formen.

Das restliche Matchapulver in einen Plastikbeutel geben, die Kugeln einzeln hineinfallen lassen und den Beutel so lange schütteln, bis die Kugeln gleichmäßig von Matcha umhüllt sind.

In einem luftdicht verschließbaren Behälter im Kühlschrank halten sich die Trüffel bis zu 1 Woche lang.

**MATCHA** IST EIN PULVERISIERTER GRÜNTEE, DER SIE TATSÄCHLICH ENTSPANNEN KANN, WÄHREND ER SIE GLEICHZEITIG WACH HÄLT. DAS LIEGT AN DER AMINOSÄURE L-THEANIN, DIE SICH IN DEN BLÄTTERN FINDET, WELCHE ZUR HERSTELLUNG VON MATCHA VERWENDET WERDEN.

# KAROTTENKUCHEN-ENERGIEKUGELN MIT **GOJI**-BEEREN

30 g Goji-Beeren
135 g Haferflocken
25 g gemahlene Mandeln
2 EL Chia-Samen
60 g Haselnussbutter
4 EL Ahornsirup
½ TL Vanilleextrakt
½ TL gemahlener Zimt
¼ TL gemahlener Ingwer
¼ TL geriebene Muskatnuss
65 g geriebene Karotten
30 g Hafermehl (oder aus Haferflocken selbst gemahlen)

**Ergibt 12–16**

**Mein Lieblingskuchen war zweifellos schon immer Karottenkuchen. Schon als kleines Mädchen wünschte ich ihn mir als Geburtstagskuchen. Ich bin geradezu besessen davon! Deshalb wollte ich eine kleinere, gesündere Version davon erschaffen, die ich mir schnell in den Mund stecken konnte, wenn die Erschöpfung mich übermannte. Diese kleinen, aber kraftvollen Happen schmecken nicht nur unglaublich, sondern rufen auch Erinnerungen in mir wach und beflügeln meinen Körper UND meinen Geist auf der Stelle.**

Zuerst die Goji-Beeren ca. 10 Minuten lang in einer Tasse Wasser einweichen, anschließend abgießen.

Die Haferflocken, die gemahlenen Mandeln und die Chia-Samen in einer Rührschüssel vermischen. Die Haselnussbutter, den Ahornsirup, den Vanilleextrakt, den Zimt und den Ingwer, die geriebene Muskatnuss, die geriebenen Karotten, das Hafermehl und die eingeweichten Goji-Beeren hinzufügen und alles gründlich vermischen.

Mit einem Esslöffel kleine Portionen vom Teig abnehmen und mit den Händen zu mundgerechten Kugeln formen.

In einem luftdicht verschließbaren Behälter im Kühlschrank halten sich die Kugeln bis zu 1 Woche lang.

GRAMM FÜR GRAMM BETRACHTET, ENTHÄLT DIE KLEINE **GOJI-BEERE** UNGEFÄHR 500-MAL MEHR VITAMIN C ALS EINE ORANGE UND BETRÄCHTLICH MEHR BETA-CAROTIN ALS KAROTTEN.

# SCHOKOLADEN-**LUCUMA**-TRÜFFEL

15 Datteln, entsteint
60 g Kakaopulver und
2 TL zum Bestäuben
30 g Carob-Pulver
20 g Lucuma-Pulver
1 TL Vanilleextrakt
25 g Goji-Beeren
4 EL Kokosöl, geschmolzen

**Ergibt ca. 12 Stück**

**Ist Ihre Zeit sehr knapp oder wissen Sie, dass Sie die anstrengendste Woche der Welt vor sich haben? Nun, um diese bösen Buben hier zuzubereiten, benötigt man weniger als 5 Minuten und sie schmecken so schokoladig und unverschämt lecker, dass man meinen könnte, sie seien schlecht für uns. Dem ist nicht so. Stattdessen machen diese mundgerechten, perfekten Trüffel „to-go" ihrem Ruf eines Superhelden-Superfoods alle Ehre.**

Die Datteln, das Kakao-, Carob- und Lucuma-Pulver, den Vanilleextrakt, die Goji-Beeren und das geschmolzene Kokosöl in einem Mixer oder einer Küchenmaschine pürieren. Die Masse zu mundgerechten Kugeln formen.

Das Kakaopulver zum Bestäuben in einen Plastikbeutel geben, die Kugeln einzeln hineinfallen lassen und den Beutel so lange schütteln, bis die Kugeln gleichmäßig von Kakaopulver umhüllt sind.

In einem luftdicht verschließbaren Behälter im Kühlschrank halten sich die Trüffel bis zu 1 Woche lang.

Diese Trüffel lassen sich bis zu 3 Monate lang einfrieren und zum Auftauen herausholen, für den verrückten Tag oder die verrückte Woche, die vor Ihnen liegt.

**LUCUMA** WIRD AUCH „GOLD DER INKAS" GENANNT. DIE INKAS SCHÄTZTEN DIE LUCUMAFRUCHT ALS EINE GESUNDE ZUCKERQUELLE. AUSSERDEM STECKT SIE VOLLER BALLASTSTOFFE, VITAMINE, MINERALSTOFFE UND ANTIOXIDANTIEN.

# NÜSSE UND BANANEN IN ZIMT UND **KAKAOBUTTER**

170 g gemischte Nüsse (z.B. Paranüsse, Walnüsse, Mandeln und Cashewkerne)
50 g Kakaobutter
3 EL Kakaopulver
2 EL roher Honig
2 Bananen, in 2 cm dicke Stücke geschnitten
3–4 TL gemahlener Zimt
1 Backblech, mit Backpapier ausgelegt

**2–3 Portionen**

**Diese Snacks verursachen ein wenig Dreck, aber es lohnt sich, sie in einem Behälter aufzubewahren, den Sie in Ihrem Büro, in Ihrer Akten- oder Handtasche bereithalten können. Sie müssen nur wenige davon auf einmal verschlingen, um einen sofortigen Energieschub zu verspüren.**

Den Backofen auf 150 °C vorheizen und die Nüsse auf einem Backblech verteilen. Im vorgeheizten Backofen 15–20 Minuten lang rösten. Aus dem Ofen nehmen und vollständig erkalten lassen.

Die Kakaobutter in einem Topf schmelzen lassen. Das Kakaopulver und den Honig hinzufügen und so lange verrühren, bis sich beides vollständig aufgelöst hat. Von der Kochstelle nehmen und die Soße in eine Rührschüssel umfüllen.

Die Nüsse und Bananenscheiben portionsweise in die flüssige Schokolade tauchen. Die in Schokolade gehüllten Nüsse und Bananen auf das vorbereitete Backblech legen und in den Kühlschrank stellen.

Sobald die Schokolade fest ist, den Zimt in einen Plastikbeutel geben, jeweils ein paar Nüsse und Bananenstücke hineingeben und den Beutel behutsam schütteln, bis sie rundum von Zimt umhüllt sind.

In einen luftdicht verschließbaren Behälter im Kühlschrank halten sich die Nüsse und Bananen bis zu 3 Tage lang, im Tiefkühlfach 1 Monat lang.

***KAKAOBUTTER*** IST EINE GROSSARTIGE ZUTAT, UM IN MINUTENSCHNELLE EINE GESUNDE UND KÖSTLICHE SCHOKOLADENSOSSE ZUZUBEREITEN. SIE GEHÖRT ZU DEN SUPERLEBENSMITTELN DER NATUR UND VERFÜGT ÜBER FANTASTISCHE ANTIOXIDATIVE EIGENSCHAFTEN.

# „KÄSIGE" GRÜNKOHLCHIPS MIT ***LIMETTE***

150 g Grünkohl
2 EL Kokosöl, geschmolzen
1 TL Kokosblütenzucker
1 TL gemahlene Leinsamen
½ TL Meersalz
Saft von ½ Limette
50 g Nährhefe

2 Portionen

**König Grünkohl wird als das Rindfleisch des Gemüseliebhabers gefeiert, weil er – Gramm für Gramm betrachtet – mehr Eisen enthält als Rindfleisch. Aber darüber hinaus ist Grünkohl kalorienarm, ballaststoffreich und hat Null Fett. Und Grünkohl ist längst nicht mehr nur etwas für Smoothies und Salate. Sie können also durchaus Ihre Chips essen – wenn auch eine viel gesündere Version davon!**

Den Backofen auf 180 °C vorheizen. Die Stängel und dicken Rippen vom Grünkohl entfernen und die Blätter in kleine Stücke rupfen. Den Kohl in eine Schüssel geben und mit dem geschmolzenen Kokosöl beträufeln. Gründlich vermischen und das Öl ein paar Minuten lang in den Grünkohl kneten, damit die Blätter zart werden.

Den Kokosblütenzucker, den Leinsamen, das Meersalz, den Limettensaft und die Nährhefe hinzufügen und alles gründlich vermischen.

Den Grünkohl auf ein großes Backblech geben und im vorgeheizten Backofen 30 Minuten lang backen, bis er goldgelb und leicht knusprig ist. Aus dem Ofen nehmen und den Grünkohl mit einem Spatel etwas auflockern. Den Ofen abschalten und das Blech für weitere 20 Minuten hineinschieben.

Meine Grünkohlchips werden normalerweise sofort gegessen, aber man kann sie bis zu 1 Woche lang in einem luftdichten Behälter aufbewahren.

***LIMETTEN*** ENTHALTEN NICHT NUR EINE GROSSE MENGE AN VITAMIN C, SONDERN AUCH FLAVONOIDE, WELCHE DIE AUGEN VOR ALTERUNG UND INFEKTIONEN SCHÜTZEN.

# ANTI-DEPRI-REGENBOGENSAFT

1 Rote Bete
1 Gurke
4 Karotten
150 g Blaubeeren
1 Stück frischer Ingwer (2,5 cm)

1 Entsafter

**1 Portion**

**Wenn man einen Saft trinkt, dann ist das fast so, als würde man die Nährstoffe direkt in die Blutbahn gespritzt bekommen. Betrachten Sie sie als flüssige Medizin der Natur und als das Beste, was Sie Ihrem Körper geben können. Innerhalb von Minuten fühlt man sich wiederaufgeladen, wiederbelebt und wiederaufgetankt. Diesen Saft hier mag ich besonders gerne, weil es fast so ist, als würde man Gesundheit in allen Farben des Regenbogens trinken.**

Für diesen Saft brauchen Sie keine Schale zu entfernen. Schneiden Sie die Rote Bete, die Gurke und die Karotte einfach in Viertel und geben Sie alle Zutaten in Ihren Entsafter.

Der Saft ist am besten, wenn man ihn sofort trinkt, aber wenn Sie ihn unterwegs trinken wollen, dann pressen Sie noch ein halbe Zitrone aus und geben Sie den Zitronensaft in Ihren Behälter zum Mitnehmen, bevor Sie den Saft einfüllen. Dadurch wird der Oxidationsprozess (in dessen Verlauf Nährstoffe verloren gehen und der Saft braun wird) verlangsamt.

FALLS SIE FÜR IHREN NÄCHSTEN BESUCH IM FITNESSSTUDIO IHRE KONDITION ETWAS STÄRKEN MÖCHTEN: ***ROTE BETE*** KANN ERWIESENERMASSEN DAS SPORTLICHE LEISTUNGSVERMÖGEN VERBESSERN. DER SAFT KANN IHREN MUSKELN DABEI HELFEN, EFFIZIENTER ZU ARBEITEN UND IST AUCH IN DER LAGE, DIE SAUERSTOFFAUFNAHME IN DEN MUSKELN ZU VERRINGERN.

# EIWEISS-ENERGIE-RIEGEL MIT **HANF**

3 EL Chia-Samen
135 ml Wasser
135 g Haferflocken
65 g Haselnüsse, gehackt
65 g Walnüsse, gehackt
80 g Kokosöl
3 EL roher Honig
2 TL Vanilleextrakt
2 EL Kakaopulver
2 TL Carob-Pulver
175 g Datteln, entsteint und klein geschnitten
160 g geschälte Hanfsamen

1 quadratische Backform (20 × 20 cm), mit Backpapier ausgekleidet, das an den Seiten übersteht

**Ergibt ca. 12 Stück**

**Wenn Sie wirklich möchten, dass Ihre Ernährung eiweißreicher wird, sich dabei aber nicht so sehr auf tierisches Eiweiß verlassen mögen, dann ist dieser Energieriegel wie für Sie gemacht. Ob Sie es glauben oder nicht, wir können sehr viel Eiweiß aus pflanzlichen Quellen beziehen.**

Die Chia-Samen in 135 ml Wasser einweichen und beiseite stellen. Den Backofen auf 150 °C vorheizen und die Haferflocken und die gehackten Nüsse auf einem Backblech verteilen. Im vorgeheizten Backofen 10–15 Minuten lang leicht rösten, dabei hin und wieder wenden. Aus dem Backofen nehmen, abkühlen lassen und in eine Rührschüssel umfüllen.

In der Zwischenzeit das Kokosöl mit dem Honig, dem Vanilleextrakt, dem Kakao- und Carob-Pulver in einem kleinen Topf schmelzen lassen. Über die Haferflocken und Haselnüsse gießen, die Datteln, die Hanfsamen und die eingeweichten Chia-Samen unterrühren.

Die Backofentemperatur auf 180 °C erhöhen. Die Mischung in die vorbereitete Backform gießen, festdrücken und in ca. 20 Minuten goldgelb backen. Aus dem Ofen nehmen und in der Form abkühlen lassen.

Sobald die Masse abgekühlt ist, das Backpapier an den Seiten fassen und die Masse so aus der Backform heben. In Quadrate oder Riegel schneiden. In einem luftdicht verschließbaren Behälter im Kühlschrank halten sich die Riegel bis zu 2 Wochen lang.

DAS EIWEISS UND DIE BALLASTSTOFFE, DIE IN **HANF** ENTHALTEN SIND, HELFEN DABEI, DIE VERDAUUNG ZU VERLANGSAMEN, WAS WIEDERUM EINE BLUTZUCKERSPITZE VERHINDERT UND SO DAFÜR SORGT, DASS UNSERE ENERGIE LÄNGER ANHÄLT.

# TRAUMHAFTE **FEIGEN**-SPIRULINA-HAPPEN

45 g Haferflocken
75 g Cashewkerne
150 getrocknete Feigen
2 EL Kokosraspel
½ TL Vanilleextrakt
geriebene Schale von
1 Bio-Zitrone
4 EL Zitronensaft
2 TL Spirulina-Pulver
2 EL Tahina
2 EL Wasser

**Ergibt 12–15 Stück**

**Oh Algen, ihr seid die neuen Sterne am Superfood-Himmel! Nun, eigentlich seid ihre eine der ältesten Lebensformen auf diesem Planeten, aber wir haben erst vor Kurzem entdeckt, dass ihr unglaublich gut für unsere Gesundheit seid. Spirulina ist eine Alge und ein wahres Kraftpaket an Nährstoffen, nicht zu vergleichen mit anderem Getreide, anderen Pflanzen oder Früchten. Deshalb integriere ich sie auch so gerne nicht nur in meine Smoothies, sondern auch in diese gut mitzunehmenden, mundgerechten Happen voller Gesundheit.**

Die Haferflocken in einen Mixer oder eine Küchenmaschine geben und zu feinen Krümeln vermahlen. Die restlichen Zutaten hinzufügen und zu einer glatten Masse verarbeiten.

Die Masse in eine Rührschüssel umfüllen und mit den Händen zu walnussgroßen Kugeln formen.

In einem luftdicht verschließbaren Behälter im Kühlschrank halten sich die Happen bis zu 2 Wochen lang.

**FEIGEN** ENTHALTEN MEHR KALZIUM ALS DIE MEISTEN ANDEREN FRÜCHTE. EINE PORTION GETROCKNETE FEIGEN ENTSPRICHT 12 PROZENT DER EMPFOHLENEN TAGESDOSIS AN KALZIUM.

# SUPERGESUNDE MÜSLIRIEGEL MIT **CRANBERRYS**

350 g Datteln, entsteint
270 g Haferflocken
80 g Mandeln
35 g Kürbiskerne
60 g getrocknete Cranberrys
120 ml Ahornsirup
120 g Haselnussbutter

1 quadratische Backform (20 × 20 cm), mit Backpapier ausgekleidet

**Ergibt ca. 10 Stück**

Diese Riegel sind blitzschnell gemacht und halten sich mehrere Tage lang, sodass Sie einen kräftigen, gut sättigenden Snack haben, mit dem Sie gut durch die Woche kommen.

**Es gibt auf dem Markt so viele unglaublich ungesunde Müsliriegel, die vor raffiniertem Zucker nur so strotzen, und ich wollte einfach nicht, dass meine Kinder oder ich so etwas essen! Die Riegel hier sind eine ziemlich gehaltvolle Zwischenmahlzeit, die Sie für Stunden satt macht. Außerdem enthalten sie eine gesunde Menge an Ballaststoffen, Eiweiß und Omega-3-Fettsäuren.**

Die Datteln, die Haferflocken und die Mandeln in einen Mixer oder eine Küchenmaschine geben und so lange zerkleinern, bis nur noch kleine Stückchen übrig sind. In eine Rührschüssel umfüllen. Die Kürbiskerne und die Cranberrys untermischen.

Den Ahornsirup und die Haselnussbutter in einer kleinen Schüssel vermischen. Über die Dattelmischung träufeln und gründlich vermischen. Meiner Meinung nach funktioniert das mit den Händen am besten, weil die Masse relativ fest wird. Die Masse in die vorbereitete Backform geben und so hineindrücken, dass die Masse flach ist und den ganzen Boden der Form bedeckt. 20 Minuten lang im Kühlschrank fest werden lassen.

Den gekühlten Block aus der Form nehmen und in ca. 10 Quadrate oder Riegel schneiden.

In einem luftdicht verschließbaren Behälter im Kühlschrank halten sich die Riegel bis zu 1 Woche lang.

**CRANBERRYS** SIND NICHT NUR WAS FÜR WEIHNACHTEN! DIESE KLEINEN, ABER MÄCHTIGEN BEEREN SIND GROSSARTIG FÜR DIE MUND-GESUNDHEIT. SIE KÖNNEN VERHINDERN, DASS SCHLECHTE BAKTERIEN IN IHREM MUND ODER AN IHREN ZÄHNEN SCHADEN ANRICHTEN.

# MITTAGESSEN ZUM MITNEHMEN

Wie bei vielen der Frühstücksrezepte, so kann man auch hier mit ein bisschen Planung dafür sorgen, dass man sich den ganzen Tag über großartig fühlt. Wenn Sie viel unterwegs sind und sicherstellen wollen, dass Sie zum Mittagessen das Richtige bekommen, dann ist dies das richtige Kapitel für Sie. Die Gerichte sind einfach zuzubereiten, aber ich garantiere Ihnen, dass Sie mit jedem Bissen einen „echten" Energieschub bekommen.

Als zusätzlicher Vorteil lässt sich meine Definition von Mittagessen zum Mitnehmen auf das Wort „Picknick" ausweiten! Es ist ganz leicht, ein paar dieser Gerichte zu zaubern, auf der Picknickdecke zu servieren und so Ihre Gäste wirklich zu beeindrucken.

# **BOHNENSPROSSEN**-SPINAT-GEMÜSE AUF SUSHI-ART MIT INGWER-DRESSING

480 ml Wasser
190 g Naturreis
25 g Goji-Beeren
100 g geschälte Edamame
1 Noriblatt
1 Avocado, geschält, entsteint und in Scheiben geschnitten
1 große Handvoll Spinat
1 große Handvoll Bohnensprossen
2 TL Sesamkörner
Dulse-Flocken zum Servieren

**Für das Ingwer-Dressing**
60 ml Apfelessig
1 Stück frischer Ingwer (2,5 cm), fein gehackt
1 Dattel, entsteint
1 EL Umeboshi-Paste
1 TL Tamari

**2 Portionen**

**Das ist im Grunde vegetarisches Suhi, aber ohne den Aufwand, eine perfekte Rolle hinzubekommen, was die Zubereitung um Einiges erleichtert.**

Das Wasser in einem Topf zum Kochen bringen, den Naturreis hinzufügen. Die Hitzezufuhr reduzieren, einen Deckel auflegen und den Reis auf niedriger Stufe 45–60 Minuten lang köcheln lassen. Sobald er gar ist, unter kaltem Wasser abspülen.

Die Goji-Beeren 10 Minuten lang in Wasser einweichen, anschließend abgießen.

In der Zwischenzeit einen zweiten Topf mit Wasser zum Kochen bringen und die Edamame 5 Minuten lang kochen lassen. Anschließend abgießen und unter kaltem Wasser abspülen. Das Noriblatt in kleine Stücke schneiden.

Den gekochten Reis auf zwei Schüsseln verteilen und mit den Avocadoscheiben, den Edamame, den eingeweichten Goji-Beeren, dem Spinat, den Noristücken und den Bohnensprossen belegen und mit den Sesamkörnern bestreuen.

Für das Ingwer-Dressing alle Zutaten in einem Mixer oder einer Küchenmaschine vermischen. Das Dressing über die zwei Schüsseln geben und mit Dulse-Flocken garnieren.

**BOHNENSPROSSEN** SIND, OB SIE ES GLAUBEN ODER NICHT, WAHRE KRAFTPAKETE AN NÄHRSTOFFEN. SIE SIND REICH AN VITAMIN C UND EINE GUTE QUELLE FÜR SECHS DER ACHT B-VITAMINE.

# MAROKKANISCHER KICHERERBSEN-KAROTTEN-DATTEL-SALAT MIT **PAPRIKA**-DRESSING

1 Dose Kichererbsen (400 g), abgegossen und abgespült
1 kleine rote Zwiebel, gehackt
2 kleine Karotten, gerieben
2 große Handvoll Spinat
6 Datteln, entsteint und klein geschnitten

**Für das Paprika-Dressing**
2 EL Olivenöl
1 EL Tamari
1 TL gemahlener Kreuzkümmel
1 TL Paprikapulver
Saft von 1 Zitrone

**2 Portionen**

**Genau wie Marokko selbst, so ist auch dieser Salat unglaublich farbenfroh und die Aromen kommen wirklich zur Geltung. Das ist mein Mittagessen für unterwegs, wenn ich mich total schlapp fühle, weil es Gemüse, dunkelgrüne Blätter, Eiweiß von den Kichererbsen und ein natürliches Süßungsmittel – Datteln – enthält, alles mariniert in einem köstlichen, würzigen Dressing (Abb. s. S. 71).**

Die Kichererbsen, die Zwiebel, die Karotten, den Spinat und die Datteln in eine große Schüssel geben und alles miteinander vermengen.

Alle Zutaten für das Dressing in einer kleinen Schüssel miteinander verquirlen.

Das Dressing über den Salat träufeln und mindestens 1 Stunde lang marinieren lassen.

Wenn Sie den Salat morgens mit dem Dressing übergießen, bevor Sie zur Arbeit gehen, dann ist er bis zur Mittagessenszeit perfekt mariniert.

WENN MAN GETROCKNETE ROTE PAPRIKASCHOTEN FEIN MAHLT, ERHÄLT MAN **PAPRIKAPULVER**. SCHON 1 EL DAVON LIEFERT JEDE MENGE AN KAROTINOIDEN (DAHER DIE SATTE ROTE FARBE), ZU DENEN AUCH VITAMIN A GEHÖRT, WELCHES SEHR GUT FÜR UNSERE SEHFÄHIGKEIT IST.

# WILDREIS-**ROTE-BETE**-TRAUBEN-SALAT MIT HONIG-AHORNSIRUP-SENF-DRESSING

480 ml Wasser
130 g Wildreis
2 kleine (rohe) Rote Beten
20 rote Trauben, halbiert
1 große Handvoll frische glatte Petersilie, gehackt
2 EL Sonnenblumenkerne
2 Frühlingszwiebeln, gehackt

**Für das Dressing**
1 EL Olivenöl
½ EL Apfelessig
½ EL Ahornsirup
½ EL roher Honig
½ TL Englischer Senf
1 EL frischer Zitronensaft
Meersalz und frisch gemahlener schwarzer Pfeffer

**2 Portionen**

**Wildreis ist glutenfrei und strotzt nur so vor Antioxidantien – er enthält ungefähr 30-mal mehr davon als weißer Reis. Obwohl er ca. 1 Stunde Kochzeit benötigt, lohnt sich die Zubereitung, weil er ein wunderbar nussiges Aroma besitzt (Abb. s. S. 70).**

480 ml Wasser in einen Topf geben und zum Kochen bringen. Den Wildreis hinzufügen, die Hitzezufuhr reduzieren, einen Deckel auflegen und den Reis auf niedriger Stufe etwa 1 Stunde lang köcheln lassen.

In der Zwischenzeit die rohen Roten Beten schälen und in sehr dünne Scheiben schneiden. Sobald der Reis gar ist, eventuell noch vorhandenes Wasser abgießen und den Reis abkühlen lassen.

Den gekochten Reis in eine große Schüssel geben und die Rote-Bete-Scheiben, die roten Trauben, die Petersilie, die Sonnenblumenkerne und die Frühlingszwiebeln hinzufügen.

Alle Zutaten für das Dressing mit einer Prise Salz und Pfeffer in einer Schüssel verquirlen und über den Reissalat gießen. Vor dem Servieren alles miteinander vermengen.

**ROTE BETE** ENTHÄLT NATÜRLICH VORKOMMENDE NITRATE, DIE UNSER KÖRPER IN STICKSTOFF-MONOXID UMWANDELT. DIESES HILFT DABEI, UNSERE BLUTGEFÄSSE ZU ENTSPANNEN, WAS WIEDERUM DIE DURCHBLUTUNG VERBESSERT UND HILFT, DEN BLUTDRUCK ZU SENKEN.

# KÜRBIS-PILZ-GRÜNKOHL-SALAT MIT KÜRBIS- UND *GRANATAPFELKERNEN*

1 kleiner Butternuss-Kürbis, geschält, entkernt und gewürfelt
3 EL Kokosöl, geschmolzen
2 TL gemahlener Kreuzkümmel
Meersalz und frisch gemahlener schwarzer Pfeffer
1 Schalotte, gehackt
200 g kleine braune Champignons, in dünne Scheiben geschnitten
1 Bund Grünkohl
3 EL Kürbiskerne
Kerne von 1 Granatapfel
2 EL Olivenöl
1 EL Apfelessig

**4 Portionen**

**Grünkohl ist vielleicht nicht gerade das Erste, das einem in den Sinn kommt, wenn man an Salat denkt. Der Trick, mit dem man Grünkohl als überaus köstliche Salatzutat verwenden kann, besteht darin, die Blätter zu kneten.**

Den Backofen auf 180 °C vorheizen. Die Kürbiswürfel mit 2 EL des geschmolzenen Kokosöls und dem Kreuzkümmel in eine Schüssel geben, mit Salz und Pfeffer würzen. Gründlich vermischen, in eine Bratreine füllen und im vorgeheizten Backofen ca. 40 Minuten lang rösten. Währenddessen die Kürbiswürfel alle 15 Minuten wenden. Abkühlen lassen.

In der Zwischenzeit eine Bratpfanne mit dem restlichen Kokosöl bestreichen und bei mittlerer bis starker Hitze aufsetzen. Die gehackte Schalotte und die Pilzscheiben hinzufügen, mit Salz und Pfeffer würzen. 10 Minuten lang behutsam braten bzw. so lange, bis beides weich ist. Beiseite stellen.

Die Stängel vom Grünkohl abschneiden, die Blätter aufeinanderstapeln, zu einer Zigarre aufrollen und in Streifen schneiden. Diese zusammen mit 1 TL Meersalz in eine große Schüssel geben und mit den Händen 3–5 Minuten lang kneten. Den gerösteten Kürbis, die gebratenen Pilze, die gebratene Schalotte sowie die Kürbis- und Granatapfelkerne hinzufügen. Vor dem Servieren mit Olivenöl und Apfelessig beträufeln.

ER ENTHÄLT REICHLICH BALLASTSTOFFE, VITAMINE UND SEKUNDÄRE PFLANZENSTOFFE – **GRANATAPFEL** IST EINFACH EINE MAGISCHE FRUCHT! ER EIGNET SICH PERFEKT FÜR MÜSLIS, SALATE ODER SUPPEN, UND SIE SOLLTEN GRANATAPFELKERNE IN IHRE ERNÄHRUNG INTEGRIEREN, WANN IMMER SIE KÖNNEN.

Dieser Salat eignet sich nicht nur als Mittagessen zum Mitnehmen, sondern genauso gut als Beilage.

# MARINIERTER TOFU MIT MANDELBUTTERSOSSE IN *VOLLKORNWEIZENTORTILLAS*

450 g fester Tofu
2 Vollkornweizentortillas
1 Karotte, gerieben
¼ Gurke, geraspelt
2 Blätter Römersalat, in Streifen geschnitten
½ rote Zwiebel, in feine Scheiben geschnitten
1 Handvoll frischer Koriander, gehackt
Sesamkörner zum Bestreuen

**Für die Marinade**
4 EL Olivenöl
2 Knoblauchzehen, zerdrückt
2 EL Tamari
1 EL Ahornsirup
1 TL getrocknete Chiliflocken

**Für die Mandelbuttersoße**
2 EL Mandelbutter
½ EL roher Honig
½ EL Tamari
1 EL Olivenöl

**2 Portionen**

**Ich habe dieses Rezept mit Tofu kreiert, aber Sie können den Tofu ganz leicht durch Garnelen ersetzen und trotzdem dieselbe süß-scharfe Marinade verwenden.**

Den Tofu mit Küchenpapier trocken tupfen. Einen Teller mit Küchenpapier auslegen und den Tofu darauflegen. Einen zweiten kleinen Teller auf den Tofu legen und mit einem Gewicht beschweren (ich nehme immer eine Dose Bohnen). Ca. 15 Minuten stehen lassen, damit überschüssiges Wasser aus dem Tofu austreten kann.

In der Zwischenzeit alle Zutaten für die Marinade in einer kleinen Schüssel verquirlen.

Den gepressten Tofu in Streifen schneiden, die Streifen in der Marinade wenden und dann zum Marinieren für mindestens 30 Minuten in den Kühlschrank stellen. Die Zutaten für die Mandelbuttersoße in einer kleinen Schüssel vermischen.

Die marinierten Tofustreifen auf die beiden Tortillas verteilen, jeweils in die Mitte legen und mit etwas Soße beträufeln. Mit der Karotte, der Gurke, dem Römersalat, der roten Zwiebel und dem Koriander belegen. Mit ein bisschen mehr Soße beträufeln und mit Sesamkörnern bestreuen. Die Tortillas aufrollen, fest in Alu- oder Frischhaltefolie wickeln, in einen Behälter legen, und Sie können los!

***VOLLKORNWEIZENTORTILLAS*** SIND, WAS DEN NÄHRSTOFFGEHALT BETRIFFT, DEN WEITER VERBREITETEN VARIANTEN AUS WEISSMEHL ÜBERLEGEN, WEIL WEISSMEHLPRODUKTE SO ZIEMLICH ALL IHRER ESSENTIELLEN NÄHRSTOFFE BERAUBT WURDEN.

# SÜSSKARTOFFEL – **PETERSILIEN** – FALAFEL IM WEISSKOHLBLATT

200 g Süßkartoffeln
1 kleine Handvoll frische glatte Petersilie
1 kleine Handvoll frischer Koriander
75 g Walnüsse
1 Knoblauchzehe
½ Zwiebel, gehackt
1 ½ EL Kokosöl
½ TL gemahlener Kreuzkümmel
½ EL Vollkornmehl (z.B. Buchweizen, Dinkel oder Hafer)
5–6 Kohlblätter

**Für die milchfreie Creme**
125 ml Kokos- oder Sojajoghurt
½ kleine Gurke, geschält, entkernt und gehobelt
1 kleine Handvoll frische Minze, nur die Blätter, fein gehackt
½ TL getrocknete Chiliflocken
1 Knoblauchzehe, zerdrückt
½ TL gemahlener Kreuzkümmel

**Für die Salsa**
125 g Kirschtomaten, gewürfelt
¼ rote Chilischote, entkernt und fein gehackt
½ Knoblauchzehe, zerdrückt
1 kleine Handvoll frischer Koriander, gehackt
½ EL Olivenöl
Meersalz und frisch gemahlener schwarzer Pfeffer

1 Backblech, mit Backpapier ausgelegt

**Ergibt 5–6 Wraps**

**Da ich Süßkartoffeln liebe, war ich auf der Suche nach interessanten Arten der Zubereitung. Ich habe Kohlblätter verwendet, um die Falafel darin einzuwickeln, aber Sie können dazu jegliche Blätter verwenden, die Sie im Kühlschrank haben.**

Den Backofen auf 200 °C vorheizen und die Süßkartoffeln ein paar Mal mit einer Gabel einstechen. Im vorgeheizten Backofen ca. 30 Minuten lang backen bzw. so lange, bis sie weich sind. Vollständig erkalten lassen. Anschließend die Süßkartoffeln aus der Schale kratzen und in eine große Schüssel geben. Den Backofen für die Falafel angeschaltet lassen.

Für die milchfreie Creme alle Zutaten in eine Schüssel geben, gut vermischen und für ca. 30 Minuten in den Kühlschrank stellen. Für die Salsa alle Zutaten in einer Schüssel vermischen.

Für die Falafel die Petersilie, den Koriander und die Walnüsse in einer Küchenmaschine vermischen, dann langsam den Knoblauch, die Zwiebel, das Kokosöl, den Kreuzkümmel, das Mehl und die Süßkartoffel hinzufügen und das Ganze zu einer Paste verarbeiten. Aus der Masse mit den Händen 10–12 kleine Falafel formen und auf das vorbereitete Backblech legen. 20 Minuten lang backen, bis sie schön braun sind, und währenddessen alle 5 Minuten umdrehen.

Auf jedes Kohlblatt 2 Falafel legen. Etwas milchfreie Creme und Salsa darübergeben, aufwickeln und einen großen Bissen nehmen.

**PETERSILIE** ENTHÄLT EIN WAHRES ARSENAL AN ANTIOXIDANTIEN, DARUNTER DAS FLAVONOID LUTEOLIN, WELCHES HILFT, FREIE RADIKALE ZU BESEITIGEN.

# WRAPS MIT ROTER BETE, **SCHWARZEM REIS** UND BIRNEN

4 Vollkornweizentortillas
2 große Blätter Römersalat, halbiert
1 große Birne, geraspelt
Meersalz

**Für die Rote-Bete-Paste**
2 gekochte Rote Beten, grob gehackt
1 Knoblauchzehe, zerdrückt
1 kleine Handvoll frischer Koriander
1 kleine Handvoll frische glatte Petersilie
35 g Walnüsse
1 TL Kokosöl
2 TL Apfelessig

**Für den schwarzen Reis**
240 ml Wasser
100 g schwarzer Reis
½ TL Kümmelsamen
fein geriebene Schale und Saft von ½ Bio-Limette
35 g Sultaninen
35 g Mandelblättchen, geröstet

**Ergibt 4 Wraps**

**Dieses Rezept mag ich besonders gerne, weil es nicht nur so lecker wie nur irgend möglich schmeckt, sondern auch bei meinen Kindern sehr gut ankommt. Es ist unglaublich einfach, wirklich erstaunliche Lebensmittel zu „verstecken", die Kinder normalerweise nicht essen würden, und das geht so:**

Für die Rote-Bete-Paste alle Zutaten in eine Küchenmaschine werfen, eine Prise Salz hinzufügen und so lange mixen, bis eine schöne Paste entstanden ist. Für später in eine Schüssel umfüllen.

Für den schwarzen Reis die 240 ml Wasser in einem Topf zum Kochen bringen. Den Reis, den Kümmel und eine Prise Meersalz hinzufügen. Die Hitze reduzieren, einen Deckel auflegen und den Reis auf niedriger Stufe 20–25 Minuten lang köcheln lassen bzw. so lange, bis alles Wasser aufgenommen wurde, anschließend abkühlen lassen. Den ausgekühlten Reis in eine Schüssel geben, den Limettensaft und die -schale, die Sultaninen und die Mandeln hinzufügen. Alles gut verrühren.

Auf jede Tortilla mittig 2 EL Rote-Bete-Paste geben und mit einem halben Salatblatt bedecken. Darauf ein paar gehäufte Löffel von der Reisfüllung geben. Mit Birnenraspeln bestreuen und die Tortillas zu Wraps zusammenklappen oder -rollen.

BRAUNER REIS IST GUT FÜR UNS, ABER **SCHWARZER REIS** IST SOGAR NOCH BESSER. ER MAG LÄNGER BRAUCHEN, BIS ER GAR IST, ABER WENN SIE AUSREICHEND ZEIT HABEN, NUR ZU! DIE KLEIESCHICHT VON SCHWARZEM REIS ENTHÄLT EINE BETRÄCHTLICH GRÖSSERE MENGE AN VITAMIN E, WELCHES DABEI HILFT, DIE ZELLEN VOR FREIEN RADIKALEN ZU SCHÜTZEN.

Verbannen Sie die langweiligen belegten Brote und bereiten Sie stattdessen lieber einmal eine Ladung dieser leckeren Wraps für die ganze Familie zu.

# SALAT AUS GERÖSTETEN **KICHERERBSEN** UND GETROCKNETEN TOMATEN MIT KRÄUTERDRESSING

1 Dose Kichererbsen (400 g), abgegossen und abgespült
1 EL Olivenöl
½ TL gemahlener Kreuzkümmel
¼ TL Paprikapulver
¼ TL gemahlene Kurkuma
Meersalz und frisch gemahlener schwarzer Pfeffer
1 große Handvoll frische glatte Petersilie, gehackt
35 g Pinienkerne
25 g getrocknete Tomaten, in feine Streifen geschnitten
2 Frühlingszwiebeln, gehackt
90 g schwarze Oliven

**Für das Kräuterdressing**
2 EL Olivenöl
1 Knoblauchzehe
Saft von 1 Zitrone
1 EL Apfelessig
1 EL Ahornsirup
1 kleine Handvoll frischer Koriander
1 kleine Handvoll frische Minze

1 Backblech, mit Alufolie ausgelegt

**2 Portionen**

**Dieses Gericht ist nicht nur randvoll mit Gemüse, das gut für Ihre Gesundheit ist, auch der Geschmack ist richtig toll. Ich verwende häufig getrocknete Tomaten zum Kochen, wegen ihres umwerfenden Geschmacks. Glücklicherweise behalten sie sogar nach dem Trocknen in der Sonne ihren Nährwert. Sie müssen Ihren Gerichten nicht viele davon hinzufügen, um diese Geschmacksexplosion zu erreichen – ein paar Stück genügen.**

Den Backofen auf 180 °C vorheizen.

Die Kichererbsen, das Olivenöl, den Kreuzkümmel, das Paprikapulver und die Kurkuma in einer Schüssel vermischen. Nach Belieben mit Salz und Pfeffer würzen. Die Kichererbsenmischung auf dem vorbereiteten Backblech verteilen. Auf der oberen Schiene im vorgeheizten Backofen ca. 1 Stunde lang rösten. Aus dem Ofen nehmen und abkühlen lassen.

Für das Kräuterdressing alle Zutaten in einem Mixer oder einer Küchenmaschine vermischen.

Die Petersilie, die Pinienkerne, die getrockneten Tomaten, die Frühlingszwiebeln, die schwarzen Oliven und die ausgekühlten Kichererbsen in einer Salatschüssel vermischen. Mit dem Kräuterdressing beträufeln und gut vermengen.

**KICHERERBSEN** ENTHALTEN EXTREM VIELE BALLASTSTOFFE UND PROTEINE UND BESITZEN EINEN NIEDRIGEN GLYKÄMISCHEN INDEX. DAS BEDEUTET, DASS DIESE KLEINEN HÜLSENFRÜCHTE IHNEN WIRKLICH DABEI HELFEN KÖNNEN, SICH LÄNGER SATT ZU FÜHLEN. KICHERERBSEN ENTHALTEN AUSSERDEM EINE GESUNDE DOSIS PHOSPHOR, WELCHES BEI DER GESUNDHEIT UNSERER KNOCHEN EINE SCHLÜSSELROLLE SPIELT.

# SALAT „GRÜNE GÖTTIN" MIT **BLUTORANGEN**-DRESSING

1 Kopf Salat (je dunkler, desto besser), zerpflückt
1 kleine Gurke, klein geschnitten
3 Strauchtomaten, klein geschnitten
2 Frühlingszwiebeln, gehackt
1 große Handvoll schwarze Oliven
1 rote Zwiebel, in Scheiben geschnitten
1 Avocado, geschält, entsteint und gewürfelt
20 g Pinienkerne, geröstet

**Für das Blutorangen-Dressing**
Saft von ½ Blutorange
120 ml Apfelessig
2 EL Tamari
1 Handvoll frischer Koriander
1 Handvoll frische glatte Petersilie
1 Handvoll frische Minze
1 kleine Knoblauchzehe
1 EL roher Honig oder 1 Dattel, entsteint
Meersalz und frisch gemahlener schwarzer Pfeffer

2 Portionen

**Diesen Salat bereite ich nun schon seit fast zwei Jahren zu. Er ist so nährstoffreich und schmackhaft, dass ich ihn immer noch liebe, obwohl wir ihn mindestens einnal pro Woche essen. Dass er so köstlich schmeckt, liegt zum Teil an seinem leckeren Dressing. Es wäre Ihnen vorher vielleicht nie in den Sinn gekommen, Avocado in die Salatsoße zu geben, aber dadurch wird sie traumhaft cremig (und es ist auch eine herrlich unaufwändige Möglichkeit, Ihre Kinder dazu zu bringen, ihr Gemüse zu essen).**

Die Salatblätter, die Gurke, die Tomaten, die Frühlingszwiebeln, die Oliven, die rote Zwiebel, die Hälfte der Avocado und die Pinienkerne in einer großen Salatschüssel vermischen.

Alle Zutaten für das Dressing mit der zweiten Avocadohälfte in einen Mixer oder eine Küchenmaschine geben und pürieren. So ergibt sich ein recht dickflüssiges Dressing. Wenn Sie es lieber dünnflüssig mögen, können Sie 1–2 EL Wasser hinzufügen. Nach Belieben mit Salz und Pfeffer würzen.

Übergießen Sie Ihren Salat mit dem Dressing und sehen Sie zu, wie er verschlungen wird.

**BLUTORANGEN** HABEN NICHT NUR DEN VORTEIL, DASS SIE RIESIGE MENGEN AN VITAMIN C ENTHALTEN, SONDERN SIE ENTHALTEN AUCH ANTHOCYANE, ALSO ANTIOXIDANTIEN, DIE SICH AUCH IN BEEREN UND ROTWEIN FINDEN.

# SALAT AUS PUY-LINSEN, **ARTISCHOCKEN** UND GETROCKNETEN TOMATEN MIT HIMBEER-DRESSING

1,2 l Wasser
200 g Puy-Linsen
2 große Handvoll Grünkohl, in mundgerechte Stücke gezupft
1 kleine rote Zwiebel, fein gehackt
25 g getrocknete Tomaten, grob zerkleinert
1 Dose Artischockenherzen in Wasser (400 g), abgetropft und klein geschnitten

**Für das Himbeer-Dressing**
50 g Himbeeren
1 TL Zitronensaft
2 TL Apfelessig
2 EL Ahornsirup
1 EL Olivenöl
2 EL Wasser

**2 Portionen**

**Das ist eine gute Kombi aus Obst, Gemüse und Hülsenfrüchten in einem Salat und somit – was die Nährstoffe angeht – ein ausgezeichneter Rundumschlag. Er ist schnell und einfach zusammengemischt, was dafür sorgt, dass Sie ihn immer wieder machen wollen. (Abb. s. S. 71)**

480 ml Wasser in einem Topf zum Kochen bringen und die Linsen hinzufügen. Nochmals aufkochen lassen und anschließend unter gelegentlichem Rühren 10–15 Minuten lang köcheln lassen, bis das ganze Wasser aufgenommen wurde. Sobald die Linsen gar sind, unter kaltem Wasser abspülen und in eine große Schüssel geben.

In der Zwischenzeit die restlichen 720 ml Wasser in einem separaten Topf zum Kochen bringen und den Grünkohl hineingeben. 5 Minuten lang kochen lassen, anschließend abgießen, unter kaltem Wasser abspülen und zusammen mit der roten Zwiebel, den getrockneten Tomaten und den Artischocken zu den Linsen geben.

Alle Zutaten für das Dressing in einen Mixer oder eine Küchenmaschine geben und pürieren.

Jetzt kann Ihr traumhafter Salat serviert werden! Träufeln Sie das Dressing über den Linsensalat, vermengen Sie alles miteinander, und dann können Sie sich sofort darüber hermachen oder den Salat in einen Behälter füllen und für unterwegs mitnehmen.

ES HAT SICH GEZEIGT, DASS DER VERZEHR VON **ARTISCHOCKEN** BEI VERDAUUNGSBESCHWERDEN HELFEN KANN, Z.B. BEI EINEM EMPFINDLICHEN MAGEN ODER DARM.

# **RADIESCHEN**-AVOCADO-SALAT MIT CHIA-SAMEN-TAHINA-DRESSING

ca. 24 Radieschen, grob gehackt
2 kleine rote Paprikaschoten, entkernt und klein geschnitten
1 große Handvoll schwarze oder Kalamata-Oliven
1 große Handvoll frischer Koriander, grob gehackt
1 kleine Avocado, geschält, entsteint und gewürfelt
½ rote Zwiebel, in dünne Scheiben geschnitten
1 Frühlingszwiebel, gehackt

**Für das Chia-Samen-Tahina-Dressing**
2 EL Chia-Samen
2 EL Tahina
½ EL Kreuzkümmelsamen
Saft von 1 Zitrone
1 EL gehackte frische glatte Petersilie
½ TL Tamari
1 EL roher Honig
1 Prise Meersalz
1 Prise Chilipulver

**2–4 Portionen**

**Radieschen mögen als Zutat für Ihr Mittagessen vielleicht nicht gerade Ihre erste Wahl sein, aber glauben Sie mir: Es lohnt sich. Die meisten Menschen zählen sie nicht zu den leckersten Gemüsesorten, aber wenn Sie sie mit einer Killer-Salatsoße wie dieser hier kombinieren, dann erwartet Sie eine nährstoffreiche Geschmacksexplosion.**

Alle Salatzutaten in eine große Salat- bzw. Servierschüssel füllen.

Alle Zutaten für das Dressing in einem Mixer oder einer Küchenmaschine zu einer glatten Soße verarbeiten. Diese wird relativ dickflüssig sein, aber wenn man sie mit dem Salat vermischt, legt sie sich schön um die Zutaten.

Das Dressing über den Salat gießen, alles gründlich miteinander vermengen und servieren.

***RADIESCHEN*** SOLLTEN SIE MEHR BEACHTUNG SCHENKEN. NICHT NUR LIEFERN 4 RADIESCHEN CA. 14 PROZENT DER EMPFOHLENEN TAGESDOSIS AN VITAMIN C, SONDERN DIE FORSCHUNG HAT AUCH GEZEIGT, DASS DIE ANTIOXIDANTIEN, DIE SICH DARIN FINDEN, HELFEN KÖNNEN, KREBS VORZUBEUGEN.

Wenn Sie kein Tofu-Fan sind, ersetzen Sie ihn einfach durch mariniertes Hähnchenfleisch.

# GEBACKENER TOFU UND APFEL AUF GEMISCHTEM GRÜNEM SALAT UND **WAKAME**

450 g fester Tofu
1 EL Olivenöl
1 EL Tamari
1 EL Apfelessig
1 EL Zitronensaft
10 g getrocknete Wakame
100 g gemischter grüner Salat
1 Apfel, entkernt und in dünne Scheiben geschnitten
2 Frühlingszwiebeln, gehackt
2 EL Sesamkörner
1 EL Olivenöl
1 TL getrocknete Chiliflocken

1 Backblech, mit Backpapier ausgelegt

**2 Portionen**

**Dieses Gericht lieben sogar meine Kinder ehrlich und von ganzem Herzen. Wenn man Lebensmitteln, die von sich aus eher fade schmecken, wie z.B. Tofu, Geschmack verleiht, dann kann man manche Dinge richtig aufpeppen.**

Den Tofu mit Küchenpapier trocken tupfen. Einen Teller mit Küchenpapier auslegen und den Tofu darauflegen. Einen zweiten kleinen Teller auf den Tofu legen und mit einem Gewicht beschweren (ich nehme immer eine Dose Bohnen). Ca. 15–30 Minuten stehen lassen, damit überschüssiges Wasser aus dem Tofu austreten kann. Den gepressten Tofu in Würfel schneiden. Das Olivenöl, die Tamari, den Apfelessig und den Zitronensaft verrühren. Die Marinade über den Tofu gießen und 30 Minuten lang marinieren lassen. Den Backofen auf 180 °C vorheizen. Den marinierten Tofu in einer Schicht auf dem vorbereiteten Backblech verteilen. Je nach Größe der Würfel in 25–40 Minuten goldgelb backen.

In der Zwischenzeit die getrocknete Wakame in lauwarmem Wasser 10–20 Minuten lang einweichen. Mit einem Geschirrtuch oder Küchenpapier trocken tupfen und grob hacken. Die Salatblätter, den Apfel, die Frühlingszwiebeln, die Sesamkörner und die Wakame in eine große Schüssel geben und mit dem Olivenöl und den Chiliflocken vermengen. Mit dem gebackenen Tofu belegen und servieren.

DIE MEISTEN VON UNS LEIDEN VERMUTLICH UNTER EINEM MANGEL AN JOD, UND GENAU DAFÜR IST **WAKAME** EINE GUTE QUELLE. JOD WIRD BENÖTIGT, UM ESSEN IN ENERGIE UMZUWANDELN, ABER ES HILFT AUCH DABEI, DIE SCHILDDRÜSE IM GLEICHGEWICHT ZU HALTEN.

# ZITRONEN-**SÜSSKARTOFFEL**-SALAT MIT EDAMAME UND SONNENBLUMENKERNEN

250 g Süßkartoffeln
125 g geschälte Edamame
45 g Sonnenblumenkerne
1 kleine Handvoll frische Minze, gehackt

**Für das Zitronen-Dressing**
2 EL Olivenöl
1 EL Zitronensaft
geriebene Schale von ½ Bio-Zitrone
1 kleine Knoblauchzehe, zerdrückt
1 EL Ahornsirup

**2 Portionen**

**Süßkartoffeln sind in unserer Familie zu einem echten Grundnahrungsmittel geworden und übertrumpfen die normalen Kartoffeln definitiv. Von Süßkartoffelpommes über Suppe bis zum Nachtisch – wenn es darum geht, interessante und leckere Rezepte zu erfinden, ist die Süßkartoffel ein echter Superstar. Jeder mag Kartoffelsalat, aber dieser hier könnte Ihre Gäste beim nächsten Picknick von den Socken hauen. Aber warum sollte man auf ein Picknick warten, um Kartoffelsalat zu genießen? Mit diesem Rezept bekommen Sie ein herzhaftes und gesundes Mittagessen.**

Die Süßkartoffeln in Stücke schneiden (lassen Sie die Schale dran, die ist gut für Sie!). Einen Topf mit Wasser zum Kochen bringen und die Kartoffelstücke hineingeben. 15–20 Minuten lang kochen bzw. so lange, bis sie weich sind, anschließend abgießen und zum Abkühlen beiseite stellen.

In der Zwischenzeit einen weiteren Topf mit Wasser zum Kochen bringen und die Edamame darin 5 Minuten lang kochen. Abgießen und abspülen.

Die ausgekühlten Süßkartoffeln in eine große Schüssel geben, die Edamame, die Sonnenblumenkerne und die gehackte Minze hinzufügen.

Alle Zutaten für das Dressing in einer Schüssel vermischen, über den Süßkartoffelsalat träufeln und servieren.

SIE SOLLTEN IMMER VERSUCHEN, DIE SCHALEN AN DEN **SÜSSKARTOFFELN** ZU LASSEN, WEIL SICH DORT EIN GROSSTEIL DER GUTEN DINGE FINDET, WIE Z.B. VITAMIN C, VITAMIN A UND KALZIUM.

# LINSEN-COUSCOUS-SALAT MIT MANDELN UND **SPARGEL**

50 g braune Linsen
180 ml Wasser
50 g Israeli-Couscous (Ptitim)
8 grüne Spargelstangen
1 kleine rote Zwiebel, in Scheiben geschnitten
45 g Kapern
45 g Sultaninen
2 große Handvoll Brunnenkresse
40 g Mandeln
16 Kirschtomaten, halbiert

**Für die Vinaigrette**
3 EL Olivenöl
2 EL Apfelessig
1 EL Zitronensaft

**2 Portionen**

**Die Definition von Salat ist heutzutage recht breit. Während man früher darunter Kopfsalatblätter mit irgendeiner Salatsoße verstand, kann ich inzwischen einfach ein paar gute, vollwertige Hülsenfrüchte, Nüsse und Gemüsesorten zusammenwerfen und habe dann einen supertollen Salat. Hier ist einer davon.**

Die Linsen mit 180 ml Wasser bei mittlerer Hitze aufsetzen, zum Kochen bringen, dann die Hitze reduzieren und die Linsen 20–25 Minuten lang köcheln lassen, bis sie gar sind. Abgießen und unter kaltem Wasser abspülen. In eine große Schüssel füllen.

In der Zwischenzeit den Couscous in einen Topf geben und mit Wasser bedecken. Zum Kochen bringen und 5–8 Minuten lang köcheln lassen, bis er weich ist. Vom Herd nehmen, abgießen und unter kaltem Wasser abspülen. Zu den Linsen geben.

Den Spargel 2–3 Minuten lang in Wasser kochen lassen, dann abgießen und unter kaltem Wasser abspülen. Die Spargelstangen in 3 cm lange Stücke schneiden und zu den Linsen und dem Couscous geben.

Die rote Zwiebel, die Kapern, die Sultaninen, die Brunnenkresse, die Mandeln und die Kirschtomaten in die Schüssel geben. Die Zutaten für die Vinaigrette verquirlen und über den Salat träufeln. Miteinander vermengen und servieren.

**SPARGEL** ENTHÄLT BESONDERS VIEL VON EINER ENTGIFTENDEN VERBINDUNG, DIE SICH GLUTATHION NENNT UND DABEI HILFT, FREIE RADIKALE UND KARZINOGENE IM KÖRPER AUFZUSPALTEN.

# BLUMENKOHL-GOJI-BEEREN-MANDEL-SALAT MIT **KURKUMA**-DRESSING

35 g Goji-Beeren
1 Blumenkohl, in kleine Röschen zerteilt
2 EL Kokosöl, geschmolzen
Meersalz und frisch gemahlener schwarzer Pfeffer
2 kleine rote Zwiebeln, in Scheiben geschnitten
35 g Mandelblättchen

**Kurkuma-Dressing**
4 EL Apfelessig
fein geriebene Schale und Saft von 2 Bio-Zitronen
1 Knoblauchzehe, zerdrückt
¼ große reife Avocado, geschält und entsteint
1 EL gemahlene Kurkuma
1 EL roher Honig
1 Prise Meersalz

**2 Portionen**

**Dieses Gericht schmeckt unglaublich gut und ist wohl eines meiner Lieblingsgerichte. Die Salatsoße ist sehr vielseitig und kann genauso gut über eine Ladung gedämpftes oder geröstetes Gemüse geträufelt werden.**

Die Goji-Beeren in eine Schüssel mit Wasser legen und ca. 10 Minuten lang einweichen. Den Backofen auf 180 °C vorheizen.

Die Blumenkohlröschen im Kokosöl wenden und richtiggehend mit dem Öl einreiben. Mit Salz und schwarzem Pfeffer würzen, auf ein Backblech legen und im vorgeheizten Backofen 15 Minuten lang rösten. Das Blech aus dem Ofen nehmen, die Zwiebelringe darauflegen und weitere 15–20 Minuten lang rösten, bis sie weich sind. Das geröstete Gemüse in eine große Schüssel umfüllen.

Die Mandelblättchen auf einem Backblech im heißen Backofen 3–5 Minuten lang rösten. Die Goji-Beeren abgießen und mit den Mandelblättchen zum gerösteten Gemüse geben.

Alle Zutaten für das Dressing in einem Mixer oder einer Küchenmaschine zu einer leuchtend orangefarbenen Salatsoße verarbeiten. Den Salat mit dem Dressing servieren und genießen!

**KURKUMA** IST EIN NATÜRLICHER UND STARKER ENTZÜNDUNGSHEMMER, DER ERWIESENERMASSEN GENAUSO GUT FUNKTIONIERT WIE VIELE ENTZÜNDUNGSHEMMENDE MEDIKAMENTE – NUR OHNE NEBENWIRKUNGEN. STUDIEN LASSEN SOGAR VERMUTEN, DASS KURKUMA DAS FORTSCHREITEN DER ALZHEIMERKRANKHEIT VERLANGSAMEN KÖNNTE, INDEM ES AMYLOIDABLAGERUNGEN IM GEHIRN ENTFERNT.

Ob Sie es glauben oder nicht: Dieses Gericht ist komplett roh und eine äußerst vergnügliche Art, Zucchini zu essen!

# *ZUCCHINI* – SPAGHETTI MIT EINER SOSSE AUS GETROCKNETEN TOMATEN, BASILIKUM UND AVOCADO

1 rote Paprikaschote, entkernt und in Streifen geschnitten
3 ½ EL Tamari
3 ½ EL Apfelessig
2 große Zucchini

**Für die Soße aus getrockneten Tomaten, Basilikum und Avocado**
100 g getrocknete Tomaten, eingeweicht
½ Avocado, geschält, entsteint und klein geschnitten
60 g Pinienkerne
5 frische Basilikumblätter
1 Knoblauchzehe
2 EL Olivenöl
geriebene Schale und Saft von 1 Zitrone
Meersalz und frisch gemahlener schwarzer Pfeffer

**2–3 Portionen**

**Einmal am Tag eine rohe Mahlzeit zu sich zu nehmen, ist eine großartige Möglichkeit, dem Körper eine Pause zu gönnen und dafür zu sorgen, dass er einfach all das Gute aus den Zutaten aufnimmt. Wenn wir Lebensmittel kochen, dann verlieren wir dadurch ziemlich viele der Nährstoffe, die wir eigentlich zu uns nehmen möchten. Dieses Gericht ist ein ausgezeichneter Einstieg in die Rohkost-Ernährung! Zuallererst sollten Sie sich keine Gedanken machen, falls Sie keinen Spiralschneider besitzen. Sie können stattdessen auch einen Gemüsehobel oder einen Julienneschneider verwenden.**

Die Paprikastreifen in eine Schüssel geben, die Tamari und den Apfelessig hinzufügen. Zudecken und zum Marinieren beiseite stellen.

Schnappen Sie sich Ihren Spiralschneider, Gemüsehobel oder Julienneschneider und fangen Sie an, die Zucchini zu bearbeiten. Ihr Ziel ist es, spaghetti- oder tagliatelleähnliche Streifen zu erhalten. Die Streifen in eine Schüssel geben und auf die Soße warten lassen.

Alle Zutaten für die Soße in eine Küchenmaschine geben und pürieren. Das Ergebnis ist eine pastenartige Soße. Falls sie Ihnen zu fest ist, können Sie sie einfach mit ein wenig Wasser verdünnen.

Die Soße über die Zucchininudeln geben, gut vermischen, mit den marinierten Paprikastreifen belegen und servieren.

***ZUCCHINI*** ENTHALTEN EXTREM WENIGE KALORIEN – PRO 120 G NUR 19 KALORIEN – UND BESTEHEN ZU EINEM GROSSTEIL AUS WASSER. DESHALB PASSEN SIE GUT IN JEDE SCHLANKHEITSKUR.

# HAUPTGERICHTE

Irgendwann einmal hat mir jemand erzählt, dass „supper“ (engl. „Abendessen“) eigentlich für „supplemental“ (= ergänzend) steht. D.h. wir sollen abends vor dem Zubettgehen keine riesigen Mahlzeiten zu uns nehmen, sondern nur eine kleine, ergänzende Menge. Auf diese Weise kann sich unser Körper ausruhen und etwas Überschaubares verdauen, während wir schlafen. Wenn wir dann aufwachen, fühlen wir uns erholt und sind bereit, unseren Körper mit einem gesunden und üppigen Frühstück zu nähren. Wenn wir dagegen abends etwas Schweres essen, beeinträchtigt das unseren Schlaf, und wir fühlen uns träge, wenn wir aufwachen. Die Hauptgerichte, die ich kreiert habe, sind leicht, aber sättigend, sodass Sie nicht hungrig ins Bett gehen und sich am nächsten Morgen großartig fühlen.

# SPAGHETTI MIT **AUBERGINEN**-MANDEL-PESTO UND QUINOA-ZITRONEN-„HACKBÄLLCHEN"

2 große Auberginen
2 EL Kokosöl, geschmolzen
Meersalz
200 g Mandeln, 3–4 Stunden in Wasser eingeweicht
100 g getrocknete Tomaten, abgetropft (oder, falls sie nicht aus dem Glas sind, 10 Minuten lang in Wasser eingeweicht und abgetropft)
1 große Handvoll frische glatte Petersilie
90 g schwarze Oliven, entsteint
100 ml Olivenöl
1 EL roher Honig
500 g Vollkornnudeln

**Für die „Hackbällchen"**
240 ml Wasser
170 g Quinoa
1 EL Kokosöl
½ Zwiebel, fein gehackt
150 g braune Champignons, fein gehackt
1 kleine Handvoll frische glatte Petersilie, fein gehackt
1 kleine Handvoll frisches Basilikum, fein gehackt
1 kleine Handvoll frischer Koriander, fein gehackt
1 TL getrocknete Chiliflocken
geriebene Schale und Saft von 2 Bio-Zitronen
2 EL Nährhefe
6 EL Hafermehl (oder anderes Vollkornmehl)
2 EL Olivenöl

**4–6 Portionen**

**Das ist eine gesündere Version der klassischen Spaghetti mit Hackbällchen.**

Den Backofen auf 180 °C vorheizen. Die Auberginen quer in 1 cm dicke Scheiben schneiden und auf ein Backblech legen. Mit dem Kokosöl bestreichen und mit ordentlich Meersalz bestreuen. Im vorgeheizten Backofen 30–35 Minuten lang backen, bis sie weich und goldgelb sind. Abkühlen lassen. Anschließend die gerösteten Auberginen, die eingeweichten Mandeln, die getrockneten Tomaten, die Petersilie, die Oliven, das Olivenöl und den Honig in einer Küchenmaschine zu einer schönen Paste verarbeiten.

Für die „Hackbällchen" 240 ml Wasser in einen Topf geben und zum Kochen bringen. Die Quinoa hinzufügen, nochmals aufkochen lassen und anschließend zugedeckt ca. 20 Minuten lang köcheln lassen, bis die Quinoa gar ist. Abkühlen lassen. Den Backofen nochmals auf 180 °C vorheizen.

Das Kokosöl in einer Bratpfanne bei mittlerer Hitze erwärmen. Die Zwiebel und Pilze hinzufügen und 5–7 Minuten lang dünsten, bis die Zwiebel glasig ist. Mit der abgekühlten Quinoa und den anderen „Hackbällchen"-Zutaten in eine Schüssel geben. Alles gründlich vermischen und mit den Händen golfballgroße Kugeln formen. 30 Minuten lang backen, bis sie braun sind. Nach der Hälfte der Zeit einmal wenden.

Die Nudeln al dente kochen. Mit dem Pesto und den „Hackbällchen" servieren.

**AUBERGINEN** ENTHALTEN REICHLICH ANTIOXIDANTIEN, VOR ALLEM NASUNIN, WELCHES SICH HAUPTSÄCHLICH IN DER SCHALE BEFINDET. ALSO ENTFERNEN SIE DIE NICHT!

Die Quinoa-»Hackbällchen« mit reichlich Kräutern auf Spaghetti mit Auberginen-Pesto ergeben ein total neues und äußerst köstliches Abendessen.

# KÜRBIS-GRAUPEN-EINTOPF MIT **SCHWARZKOHL**

1 EL Kokosöl
1 Zwiebel, fein gehackt
2 kleine rote Chilischoten, entkernt und gehackt
2 Knoblauchzehen, zerdrückt
1 TL gemahlener Kreuzkümmel
200 g Perlgraupen
1 Butternuss-Kürbis, geschält und in Stücke geschnitten
1 l Gemüsebrühe
1 Dose Cannellini-Bohnen (400 g), abgegossen und abgespült
2 große Handvoll Schwarzkohl, in kleine Stücke gerupft
1 kleine Handvoll frische glatte Petersilie, gehackt
Meersalz und frisch gemahlener schwarzer Pfeffer

**4 Portionen**

**Von Zeit zu Zeit braucht jeder von uns einmal ein wärmendes, tröstendes Essen. Leider ist „Seelenfutter" nicht immer sehr gesund oder nahrhaft. Deshalb habe ich meinen eigenen tröstenden Eintopf erfunden, der voller guter Sachen steckt, und nach dessen Genuss man sich innerlich und äußerlich gut genährt fühlt.**

Das Kokosöl in einer großen Pfanne bei mittlerer Hitze erwärmen und die Zwiebel darin in 5–7 Minuten glasig dünsten. Die roten Chilischoten, den Knoblauch und den Kreuzkümmel hinzufügen und 1–2 Minuten lang mitbraten.

Die Perlgraupen, die Kürbisstücke und die Gemüsebrühe hinzufügen. Zum Kochen bringen, anschließend die Hitze reduzieren und auf niedriger Stufe ca. 45 Minuten lang köcheln lassen. 5 Minuten vor Ende der Garzeit die Bohnen und den Schwarzkohl hinzufügen. Achten Sie vor dem Servieren darauf, dass der Kohl weich ist.

In Suppenschüsseln servieren und mit der gehackten Petersilie sowie mit etwas Salz und schwarzem Pfeffer bestreuen.

**SCHWARZKOHL**, DER AUCH ALS TOSKANISCHER ODER PALMKOHL BEKANNT IST, GEHÖRT ZU LEBENSMITTELN MIT DEM HÖCHSTEN GEHALT AN ANTIOXIDANTIEN.

# GEFÜLLTE PAPRIKA MIT BULGUR UND ***PISTAZIEN***

8 rote Paprikaschoten
3 EL Kokosöl, geschmolzen
500 ml Gemüsebrühe
250 g Bulgur
1 Zwiebel, fein gehackt
1 TL gemahlener Kreuzkümmel
2 Knoblauchzehen, zerdrückt
3 große braune Champignons
100 g Kirschtomaten, geviertelt
2 Karotten, gerieben
2 große Handvoll Spinat
Meersalz und frisch gemahlener schwarzer Pfeffer
100 g Pistazien, grob gehackt

**8 Portionen**

**Ich mag die ganzen Farben in diesem Gericht – je bunter das Gemüse ist, desto mehr Antioxidantien enthält es und desto gesünder ist es für uns.**

Den Backofen auf 180 °C vorheizen. Von den Paprikaschoten einen Deckel abschneiden, die Kerne herauskratzen und die Schoten in einen Bräter legen. Mit 1 EL Kokosöl dünn bestreichen und im vorgeheizten Backofen 20 Minuten lang backen, bis sie leicht gebräunt sind. Abkühlen lassen.

Die Gemüsebrühe in einem Topf zum Kochen bringen und den Bulgur hinzufügen. Die Hitze reduzieren und den Bulgur zugedeckt 15–20 Minuten lang köcheln lassen. In der Zwischenzeit das restliche Kokosöl in einer großen Bratpfanne schmelzen lassen und die Zwiebel darin in 5–7 Minuten glasig dünsten. Den Kreuzkümmel und den Knoblauch hinzufügen und 2 Minuten lang mitbraten. Die Pilze dazugeben und weitere 10–15 Minuten lang braten, bis sie weich sind.

Den fertigen Bulgur zusammen mit den Tomaten, den geriebenen Karotten und dem Spinat in die Pfanne geben und weitere 2–3 Minuten lang unter Rühren garen, bis der Spinat weich ist.

Die Paprikaschoten mit der Bulgurmischung füllen und aufrecht in den Bräter stellen. 10 Minuten lang backen, dann aus dem Ofen nehmen und mit Salz und schwarzem Pfeffer würzen. Vor dem Servieren mit den gehackten Pistazien bestreuen.

***PISTAZIEN*** ENTHALTEN SEKUNDÄRE PFLANZENSTOFFE UND ANDERE ANTIOXIDANTIEN, WIE Z.B. VITAMIN E UND SELEN, DIE DABEI HELFEN, GEWEBESCHÄDIGENDE FREIE RADIKALE IM KÖRPER ZU ZERSTÖREN.

# ROTE-BETE-FRIKADELLEN MIT QUINOA, SCHWARZEN BOHNEN UND **LEINSAMEN**

180 ml Wasser
90 g Quinoa
200 g schwarze Bohnen aus der Dose, abgegossen und abgespült
2 gekochte Rote Beten
1 Schalotte, fein gehackt
2 Knoblauchzehen, zerdrückt
1 kleine Handvoll frischer Koriander, gehackt
2 EL Apfelessig
Saft von 1 Limette
2 EL Hafermehl (oder aus Haferflocken selbst gemahlen)
2 EL gemahlene Leinsamen
Meersalz und frisch gemahlener schwarzer Pfeffer
2 EL Kokosöl

**Zum Anrichten**
6 Vollkornbrötchen, getoastet
Tahina
getrocknete Chiliflocken zum Würzen
2 Avocados, geschält, entsteint und in Scheiben geschnitten (nach Belieben)

**6 Portionen**

**Sie glauben also, Ihre normale Rindfleisch-Frikadelle würde viel Eiweiß enthalten? Nun, diese vegetarische Alternative ist eine ernsthafte Konkurrentin, nicht nur wegen der Bohnen, sondern auch wegen der Quinoa. Und die Farbe der Roten Bete macht sie zu einem Fest für die Augen.**

180 ml Wasser mit der Quinoa in einen Topf geben und zum Kochen bringen. Anschließend die Hitze reduzieren und die Quinoa auf niedriger Stufe 15–20 Minuten lang köcheln lassen bzw. so lange, bis sie weich ist und alles Wasser aufgenommen hat. Abkühlen lassen.

Die ausgekühlte Quinoa in eine Küchenmaschine geben, die schwarzen Bohnen, die Roten Beten, die Schalotte, den Knoblauch, den Koriander, den Apfelessig und den Limettensaft hinzufügen. Zu einer glatten Masse verarbeiten. In eine große Schüssel umfüllen, das Hafermehl und den Leinsamen unterrühren. Nach Geschmack würzen. Die Masse in sechs gleich große Portionen teilen und zu dicken runden Frikadellen formen.

Das Kokosöl in einer Bratpfanne bei mittlerer bis starker Hitze schmelzen lassen. Die Frikadellen auf jeder Seite 2–3 Minuten lang braten.

Auf getoasteten, mit Tahina bestrichenen und mit Chiliflocken bestreuten Vollkornbrötchen servieren. Für einen besonderen Genuss können Sie die Frikadellen noch mit Avocadoscheiben belegen.

**LEINSAMEN** LIEFERN IHNEN BALLASTSTOFFE IN ZWEIFACHER AUSFÜHRUNG: SIE ENTHALTEN SOWOHL WASSERUNLÖSLICHE ALS AUCH WASSERLÖSLICHE BALLASTSTOFFE.

# SOBA-NUDELN MIT BROKKOLI UND ***SHIITAKE-PILZEN***

250 g Soba-Nudeln
250 g Spargelbrokkoli (Brokkolini)
2 EL Kokosöl
300 g Shiitake-Pilze, in Scheiben geschnitten
2 EL Mirin (japanischer Reiswein)
1 Stück frischer Ingwer (2,5 cm), gerieben
2 Knoblauchzehen, zerdrückt
1 TL getrocknete Chiliflocken
4 EL Tamari
1 EL Apfelessig
2 EL Sesamkörner
Dulse-Flocken, nach Belieben

**4 Portionen**

**Soba-Nudeln werden aus Buchweizenmehl hergestellt und sind somit eine interessante Alternative zu Nudeln aus Weizenmehl. Ein weiterer Vorteil ist, dass sie auch glutenfrei sind (Sie sollten aber die Zutatenliste auf der Packung studieren, um sicherzugehen, dass die Nudeln nicht aus einer Mischung aus Weizen und Buchweizen hergestellt wurden). Ich habe immer Soba-Nudeln im Haus, damit ich, wenn ich einmal nicht viel Zeit zum Kochen habe, schnell dieses Gericht zaubern und mich gut fühlen kann. Wenn es noch herzhafter sein soll, können Sie gekochtes Hähnchenfleisch, Garnelen oder Tofu hinzufügen.**

Die Nudeln nach Packungsanweisung kochen. Die gekochten Nudeln in eine große Schüssel füllen.

Den Brokkoli 3 Minuten lang dämpfen oder kochen, dann zu den Nudeln in die Schüssel geben.

Eine Bratpfanne bei mittlerer bis starker Hitze heiß werden und das Kokosöl darin schmelzen lassen. Die Pilze darin ca. 5–7 Minuten lang braten, bis sie weich sind, anschließend zu den Nudeln geben.

Den Mirin, den Ingwer, den Knoblauch, die Chiliflocken, die Tamari und den Apfelessig in einer kleinen Schüssel verquirlen. Über die Nudeln gießen und untermischen, damit Nudeln, Brokkoli und Pilze von der Soße umhüllt sind. Mit Sesamkörnern und Dulse-Flocken bestreuen und servieren. Ja, so einfach ist das!

MANCHE LEUTE SIND DER ANSICHT, ***SHIITAKE-PILZE*** BESÄSSEN UM EINIGES MEHR GESCHMACK ALS NORMALE WEISSE CHAMPIGNONS. SIE ENTHALTEN VIEL KUPFER, WELCHES FÜR DIE GESUNDHEIT DES IMMUNSYSTEMS, DER BLUTGEFÄSSE UND DER NERVEN UNERLÄSSLICH IST.

# TEX-MEX-AUFLAUF MIT **ADZUKIBOHNEN** UND QUINOA

1 EL Kokosöl und zusätzlich zum Bestreichen
2 Knoblauchzehen, zerdrückt
1 Zwiebel, fein gehackt
2 Jalapeños, entkernt und gehackt
240 ml Gemüsebrühe
2 Dosen Adzukibohnen à 400 g, abgegossen und abgespült
240 ml Wasser
170 g Quinoa
2 Frühlingszwiebeln, in Scheiben geschnitten
1 TL Chilipulver
2 TL gemahlener Kreuzkümmel
½ TL Cayennepfeffer
2 rote Paprikaschoten, entkernt und klein geschnitten
2 gelbe Paprikaschoten, entkernt und klein geschnitten
2 EL Nährhefe
1 große Handvoll frischer Koriander, gehackt

**6 Portionen**

**Dieses von der Tex-Mex-Küche inspirierte Auflaufrezept nimmt das Fett und die Schwere dieser Küche raus und steckt gute Sachen sowie Leichtigkeit wieder rein.**

Das Kokosöl in einer Bratpfanne bei mittlerer bis starker Hitze heiß werden lassen, den Knoblauch, die Zwiebelstücke und die Jalapeños hinzufügen. Ca. 5 Minuten lang braten, bis die Zwiebeln glasig werden. Die Gemüsebrühe und die Adzukibohnen unterrühren. Mit einer Gabel die Bohnen etwas zerdrücken, aber ein paar Bohnen ganz lassen, um eine stückige Konsistenz zu erhalten.

240 ml Wasser in einem kleinen Topf zum Kochen bringen. Die Quinoa hinzufügen, wieder zum Kochen bringen und zugedeckt ca. 20 Minuten lang köcheln lassen, bis die Quinoa gar ist. Falls nötig abgießen. Unter die gekochte Quinoa die Frühlingszwiebeln, das Chilipulver, den Kreuzkümmel und den Cayennepfeffer rühren. Den Backofen auf 180 °C vorheizen.

Eine Auflaufform mit ein wenig Kokosöl einpinseln und die Bohnenmischung auf dem Boden der Form verteilen. Darauf die Quinoa verteilen und diese mit den roten und gelben Paprikastücken belegen. Mit Alufolie oder einem Deckel abdecken und im vorgeheizten Backofen ca. 20 Minuten lang backen. Die Folie bzw. den Deckel abnehmen und den Auflauf weitere 5 Minuten lang backen, bis die Paprikastücke leicht gebräunt sind. Vor dem Servieren mit Nährhefe und Koriander bestreuen.

SCHON EINE KLEINE HANDVOLL ***ADZUKIBOHNEN*** ENTHÄLT 100 PROZENT DER EMPFOHLENEN TAGESDOSIS DES SPURENELEMENTES MOLYBDÄN, DAS BEI DER ENTGIFTUNG DER LEBER HILFT.

# SUPERFOOD – GERICHT MIT SPROSSEN

2 große Rote Beten, geschält und in Stücke geschnitten
1 große Süßkartoffel, geschält und in Stücke geschnitten
100 g Rosenkohl, halbiert
1 kleiner Blumenkohl, in kleine Röschen geteilt
3–4 EL Kokosöl, geschmolzen
1 TL gemahlener Kreuzkümmel
Meersalz und frisch gemahlener schwarzer Pfeffer
35 g Goji-Beeren
480 ml Wasser
190 g Naturreis
1 Dose Kichererbsen (400 g), abgegossen und abgespült
4 kleine Handvoll Spinat
1 große Handvoll Alfalfa-Sprossen
50 g Walnüsse, grob gehackt
1 Birne, geraspelt

**Für das Dressing**
½ Avocado, geschält, entsteint und klein geschnitten
Saft von 1 Limette
2 EL Apfelessig
1 Knoblauchzehe
1 EL roher Honig
¼ TL gemahlener Kreuzkümmel
1 EL Tamari
2 EL Wasser
1 großes Backblech, mit Alufolie ausgelegt

**4 Portionen**

**Wenn Sie das Gefühl haben, dass Sie wenig Energie haben und vielleicht in letzter Zeit auch nicht ganz gesund waren, dann ist dieses Gericht genau das Richtige für Sie. Es enthält nährstoffreiches Obst, Gemüse und Getreide, welches Ihren Körper nährt, wenn Sie einen richtigen Energieschub benötigen.**

Den Backofen auf 200 °C vorheizen. Die Roten Beten, die Süßkartoffel, den Rosenkohl und den Blumenkohl in dem geschmolzenen Kokosöl wenden und mit dem Kreuzkümmel sowie etwas Salz und schwarzem Pfeffer würzen. Das Gemüse auf das vorbereitete Backblech legen und im vorgeheizten Backofen 30–40 Minuten lang rösten, bis es weich und gar ist.

Die Goji-Beeren 10 Minuten lang in Wasser einweichen, anschließend abgießen und beiseite stellen.

480 ml Wasser in einem Topf zum Kochen bringen und den Naturreis hinzufügen. Die Hitze reduzieren und den Reis zugedeckt auf niedriger Stufe 45–60 Minuten lang köcheln lassen, bis alles Wasser aufgenommen wurde. Abkühlen lassen.

Alle Zutaten für das Dressing in einem Mixer oder einer Küchenmaschine pürieren.

Den Reis, das geröstete Gemüse, die Kichererbsen, den Spinat, die Sprossen, die Walnüsse, die geraspelte Birne und die eingeweichten Goji-Beeren auf Schüsseln verteilen. Mit dem Dressing beträufeln und genießen!

***ROSENKOHL*** GEHÖRT ZU DEN KREUZBLÜTLERN UND IST MIT DEM WEISSKOHL VERWANDT. ER IST ZWAR KLEIN, ABER MÄCHTIG, UND EIN VIERTEL SEINER KALORIEN KOMMT VOM EIWEISS.

# MUNGOBOHNEN-EINTOPF MIT SÜSSKARTOFFELN UND GRANATAPFEL

1 EL Kokosöl
1 TL Bockshornkleesamen
1 TL Kreuzkümmelsamen
3 Knoblauchzehen, zerdrückt
1 Stück frischer Ingwer (3 cm), gerieben
2 große grüne Chilischoten, in Ringe geschnitten
2 kleine Zwiebeln, gewürfelt
2 rote Paprikaschoten, entkernt und klein geschnitten
2 Süßkartoffeln, in Stücke geschnitten
1 TL gemahlene Kurkuma
250 g Mungobohnen
1 l Gemüsebrühe
2 große Handvoll Spinat
3 große Tomaten, in Stücke geschnitten
Saft von 1 Limette
Kerne von 1 Granatapfel
Meersalz und frisch gemahlener schwarzer Pfeffer

**6 Portionen**

**Ich koche gerne mit Mungobohnen, weil sie im Vergleich zu anderen Bohnen besonders preisgünstig sind. Außerdem sind sie wahre Kraftpakete an Nährstoffen und randvoll mit den Vitaminen A, B, C und E sowie mit Mineralstoffen wie Kalium, Magnesium, Eisen und Kalzium.**

Das Kokosöl in einem großen Topf erhitzen und die Bockshornklee- und Kreuzkümmelsamen hinzufügen. Ca. 2 Minuten lang rösten, bis Sie den herrlichen Duft der Gewürze riechen.

Den Knoblauch, den Ingwer, die Chilischoten, die Zwiebeln und die roten Paprikastücke hinzufügen und 5–7 Minuten lang dünsten. Die Süßkartoffeln und die Kurkuma untermischen und 2 Minuten mitdünsten.

Die Mungobohnen und die Gemüsebrühe unterrühren. Zum Kochen bringen und anschließend ca. 45 Minuten lang köcheln lassen bzw. so lange, bis die Bohnen gar sind.

Zuletzt den Spinat und die Tomaten hinzufügen und 7–10 Minuten lang mitgaren, bis beides weich ist.

Die Limette über dem Eintopf auspressen und diesen mit den Granatapfelkernen bestreuen. Mit etwas Salz und schwarzem Pfeffer würzen und servieren.

**MUNGOBOHNEN** SIND EINE GUTE QUELLE FÜR ISOFLAVONE, DIE ZU DEN PHYTOÖSTROGENEN GEHÖREN, WELCHE DABEI HELFEN, DIE HORMONELLE AKTIVITÄT ZU REGULIEREN.

# SÜSSER **RHABARBER**-APRIKOSEN-QUINOA-EINTOPF

1 EL Kreuzkümmelsamen
1 EL Kardamomkapseln
2 EL Kokosöl
1 große Zwiebel, fein gehackt
3 Knoblauchzehen, zerdrückt
1 Stück frischer Ingwer (5 cm), gerieben
5 Rhabarberstangen, in Scheiben geschnitten
1 kleiner Butternuss-Kürbis, in 2–3 cm große Stücke geschnitten (muss nicht geschält werden)
15–20 getrocknete Aprikosen
200 g Quinoa
900 ml Wasser
Meersalz und frisch gemahlener schwarzer Pfeffer
3 EL roher Honig
1 Handvoll frische glatte Petersilie, gehackt, zum Garnieren

**6 Portionen**

**Wenn Rhabarber Saison hat, nun – er schmeckt einfach köstlich! Und Rhabarber muss nicht nur in Kompott und Kuchen landen, er eignet sich auch für Hauptgerichte. Ich mag diesen Eintopf besonders gern, wenn mir der Sinn nach etwas Süßem steht. Kürbis ist ein wunderbar süßes Gemüse und kann helfen, die Gelüste nach Zucker zu stillen. Wenn Sie dann noch Aprikosen und Honig dazunehmen, dann erhalten Sie eine gesunde Dosis Zucker!**

Die Gewürze im Mörser zerkleinern, um ihren Duft freizusetzen, dann die Kardamomschalen entfernen. Das Kokosöl in einem großen Topf oder einer Pfanne erhitzen. Wenn es geschmolzen ist, die gemahlenen Gewürze hinzufügen und ca. 5 Minuten lang rösten. Die Zwiebel, den Knoblauch und den Ingwer mit den Gewürzen verrühren und 2 Minuten lang mitrösten. Den Rhabarber, den Kürbis und die Aprikosen hinzufügen und gründlich untermischen.

Die Quinoa und 900 ml Wasser hinzufügen und zugedeckt ca. 25 Minuten lang köcheln lassen, bis die Quinoa gar und der Kürbis weich ist. Mit etwas Salz und schwarzem Pfeffer würzen und den Honig unterrühren. Vor dem Servieren mit Petersilie bestreuen und genießen.

EINE PORTION GEKOCHTER **RHABARBER** ENTHÄLT GENAUSO VIEL KALZIUM WIE EINE PORTION MILCH.

# ***CASHEWKERN***– MAIS – SUPPE MIT BROKKOLI – MANDEL – PÜREE

2 EL Kokosöl
2 Zwiebeln, gehackt
4 große Knoblauchzehen, gehackt
1 TL gemahlene Kurkuma
1 TL Paprikapulver
1 TL gemahlener Kreuzkümmel
170 g Cashewkerne, 4–5 Stunden in Wasser eingeweicht
500 g Mais
2 l Gemüsebrühe
Meersalz und frisch gemahlener schwarzer Pfeffer

**Für das Brokkoli-Mandel-Püree**
2 kleine Brokkoli, in Röschen geteilt
60 ml Mandelmilch und mehr bei Bedarf
2 EL Olivenöl

**6–8 Portionen**

**So seltsam es klingen mag, eine Suppe auf Nussbasis zu kochen, so köstlich, cremig und energiespendend ist sie. Außerdem liebe ich an ihr, dass sie auch hochwichtiges grünes Gemüse in Form des Brokkolipürees enthält. Wenn ich einen großen Topf davon zubereite, dann reicht das aus, um mich zur Mittagszeit aufzutanken und alle vier Kinder am Abend satt zu bekommen.**

Für das Püree den Brokkoli in kochendem Wasser 2–3 Minuten lang blanchieren. Das Wasser abgießen und kaltes Wasser über die Röschen laufen lassen. Den blanchierten Brokkoli, die Mandelmilch und das Olivenöl in einen Mixer oder eine Küchenmaschine geben und pürieren. Bei Bedarf noch mehr Mandelmilch hinzufügen. Beiseite stellen.

Einen großen Suppentopf bei mittlerer Hitze heiß werden und das Kokosöl darin schmelzen lassen. Die Zwiebeln und den Knoblauch darin 5 Minuten lang braten. Die Kurkuma, das Paprikapulver und den Kreuzkümmel hinzufügen und gründlich umrühren, um die Zwiebeln und den Knoblauch damit zu bedecken. Die eingeweichten Cashewkerne, den Mais und die Gemüsebrühe hinzufügen und zum Kochen bringen, anschließend die Suppe bei milder Hitze 1 Stunde lang köcheln lassen.

Die Suppe pürieren, bis sie glatt ist. Nach Geschmack würzen. In Schüsseln füllen und mit dem Brokkoli-Mandel-Püree garnieren.

DIE CHOLESTERINFREIEN ***CASHEWKERNE*** SIND BESONDERS REICH AN MAGNESIUM, DAS – GENAU WIE KALZIUM – WICHTIG FÜR STARKE KNOCHEN IST.

# BULGUR-*NORI*-SUSHI MIT CREMIGEM WASABI-DIP

200 g Bulgur
400 ml Wasser
4 Noriblätter
2 Mini-Römersalate (Salatherzen)
1 kleine Gurke, in 5 cm lange Stifte geschnitten
4 Radieschen, in dünne Scheiben geschnitten
1 Karotte, gerieben
1 große Avocado, geschält, entsteint und in dünne Scheiben geschnitten
geröstete Sesamkörner zum Bestreuen
Meersalz, nach Belieben

**Für den cremigen Wasabi-Dip**
½ TL Wasabipulver
1 ½ EL brauner Reisessig
1 ½ EL Tamari
1 ½ EL Tahina
½ TL Meersalz
1 Sushimatte

**4–6 Portionen**

**Denken Sie immer daran, dass weißem Reis ein Großteil seines Nährstoffprofils entzogen wurde. Deshalb versuche ich nach Möglichkeit immer, weißen Reis durch irgendein Vollkorngetreide zu ersetzen. Quinoa ist eine gute glutenfreie Alternative.**

Den Bulgur in einen Topf geben und 400 ml Wasser hinzufügen. Zum Kochen bringen, dann die Hitze reduzieren und den Bulgur zugedeckt 15–20 Minuten lang köcheln lassen, bis alles Wasser absorbiert wurde und der Bulgur weich ist. Abkühlen lassen.

Ein Noriblatt mit der matten Seite nach oben auf eine Sushimatte legen. Mit nassen Händen ein Viertel des Bulgurs in einer dünnen gleichmäßigen Schicht auf dem Noriblatt verteilen und dabei an der Oberseite einen 5 cm breiten Rand freilassen.

Ein Viertel des Gemüses der Länge nach mittig auf den Bulgur legen, dabei mit den Salatblättern beginnen, und mit den Sesamkörnern bestreuen. Das untere Ende der Matte anfassen und anfangen, sie von sich wegzurollen, dabei die Füllung festhalten. Während des Rollens behutsam an der Matte ziehen, um eine feste Rolle zu erhalten. So lange weiter rollen, bis eine schöne, ordentliche, feste Rolle entstanden ist. Mit einem nassen und sehr scharfen Messer in Stücke schneiden. Diesen Vorgang mit den restlichen Noriblättern und dem Gemüse wiederholen.

Alle Zutaten für den Dip in einer kleinen Schüssel verquirlen und zu den Sushis servieren.

WENN MAN 2 BLÄTTER DER MEERESALGE ***NORI*** VERZEHRT, DANN ERHÄLT MAN GENAUSO VIEL EISEN, ALS WÜRDE MAN 1 GLAS MILCH TRINKEN ODER 1 EI ESSEN.

# **MACADAMIANUSS**-PESTO AUF VOLLKORNNUDELN

**Selbst gemachtes Pesto ist so lecker! Mein 13 Jahre alter Sohn Jack ist ganz verrückt nach Pesto und wäre überglücklich, wenn er es täglich zum Abendessen bekommen könnte! Diese Abwandlung der guten alten Kombination aus Basilikum, Pinienkernen und Olivenöl hat ein extrabreites Lächeln auf sein Gesicht gezaubert.**

500 g Vollkornnudeln

**Für das Pesto**

2 große Handvoll frische Basilikum-Blätter
100 g Macadamianüsse
1 EL Nährhefe
1 Knoblauchzehe
100 ml Olivenöl
1 große Handvoll frische glatte Petersilie, nur die Blätter

**4 Portionen**

Alle Pesto-Zutaten in einer Küchenmaschine pürieren.

Die Vollkornnudeln nach Packungsanweisung al dente kochen. Das Pesto unterrühren und sofort servieren.

**MACADAMIANÜSSE** ENTHALTEN PRO PORTION DIE GRÖSSTE MENGE AN DEN FÜR DAS HERZ GESUNDEN EINFACH UNGESÄTTIGTEN FETTSÄUREN, DIE DABEI HELFEN, DAS SCHÄDLICHE LDL-CHOLESTERIN ZU SENKEN.

# GRÜNKOHLRISOTTO MIT **FEIGEN** UND WALNÜSSEN

**Dieses Rezept habe ich erfunden, weil mir Pilzrisotto langweilig wurde.** **(Abb. s. S. 97)**

1 EL Kokosöl
1 Zwiebel, gehackt
1 Knoblauchzehe, zerdrückt
170 g Buchweizengrütze
500 ml Gemüsebrühe, evtl. noch etwas mehr
100 g Walnüsse
2 EL Nährhefe
2 große Handvoll Grünkohl, Stängel entfernt, Blätter grob zerkleinert
5 Feigen, geviertelt

**2 Portionen**

Das Kokosöl in einem großen Topf bei mittlerer Hitze schmelzen lassen und die Zwiebeln und den Knoblauch darin 5 Minuten lang braten. Die Buchweizengrütze hinzufügen und unter Rühren ein paar Minuten lang mitbraten. Die Brühe hinzufügen und zum Kochen bringen. Anschließend die Hitze reduzieren und den Buchweizen 25–30 Minuten lang köcheln lassen. Falls nötig, mehr Brühe hinzufügen.

Die Walnüsse ohne Fett bei mittlerer Hitze ein paar Minuten lang rösten.

Die Hefe, den Grünkohl und die Walnüsse zur Buchweizenmischung geben. Mit den Feigen garnieren.

DIE BALLASTSTOFFREICHEN **FEIGEN** FUNGIEREN ALS NATÜRLICHES ABFÜHRMITTEL UND UNTERSTÜTZEN DEN DARM.

# THAI-KOKOS-NUDELN MIT **PAK CHOI** UND PILZEN

2 Dosen Kokosmilch à 400 ml
240 ml Gemüsebrühe
1 EL getrockneter Koriander
6 Stängel Zitronengras
1 große Zwiebel, in dünne Scheiben geschnitten
2–3 Knoblauchzehen, zerdrückt
1 EL zerkleinerte Kaffirlimettenblätter und zusätzlich zum Garnieren (nach Belieben)
50 g Kokosblütenzucker
1 große Handvoll kleine braune Champignons, in Scheiben geschnitten
3 EL Tamari
Saft von 2 Limetten
Saft von 1 Zitrone
100 g Pak Choi, grob gehackt
50 g dünne Reis- oder Sobanudeln
frischer Koriander, zum Garnieren
1 rote Chilischote, in Ringe geschnitten, zum Garnieren

**4 Portionen**

**Asiatisches Essen wird mit fantastischen aromatischen Geschmackszutaten gekocht. Obwohl traditionellerweise eine starke Betonung auf Fisch und Fleisch liegt, kann man auch ohne sie ein beeindruckendes Thai-Gericht wie dieses hier kreieren. Natürlich können Sie trotzdem ein paar Garnelen oder gekochtes Hähnchenfleisch hinzufügen, wenn Sie das Bedürfnis danach haben.**

Die Kokosmilch und die Brühe in einen großen Topf geben, den getrockneten Koriander, das Zitronengras, die Zwiebel, den Knoblauch, die Kaffirlimettenblätter und den Kokosblütenzucker unterrühren. Den Topfinhalt zum Sieden bringen und 15–20 Minuten lang köcheln lassen. Durch ein Sieb in einen sauberen Topf gießen und die Zutaten im Sieb entsorgen.

Die in Scheiben geschnittenen Pilze, die Tamari, den Limetten- und Zitronensaft, den Pak Choi und die Reis- oder Sobanudeln hinzufügen und wieder zum Sieden bringen. Nach 3–4 Minuten ist Ihre Suppe fertig.

In Suppenschalen servieren und mit frischen Korianderblättchen, Chiliringen und eventuell noch mehr zerkleinerten Kaffirlimettenblättern garnieren.

**PAK CHOI** IST EINE CHINESISCHE KOHLART, DIE EXTREM WENIGE KALORIEN BESITZT UND KAUM EINE SPUR FETT ENTHÄLT, DAFÜR ABER FAST ALLE LEBENSWICHTIGEN VITAMINE UND MINERALSTOFFE LIEFERT.

# SCHARFES TOFU-CURRY MIT KOKOSNUSS UND ***KARDAMOM***

3 EL Kokosöl
2 Zwiebeln, fein gehackt
1 Stück frischer Ingwer (3 cm), gerieben
1 TL gemahlener Kreuzkümmel
¼ TL gemahlener Kardamom
2 TL gemahlener Koriander
2 TL gemahlene Kurkuma
2 TL Chilipulver
450 g fester Tofu, in kleine Stücke geschnitten
100 g (im Block) Kokoscreme (creamed coconut)
475 ml kochendes Wasser
Limettensaft, nach Belieben
Meersalz und frisch gemahlener schwarzer Pfeffer
Naturreis oder Soba-Nudeln zum Servieren

**4 Portionen**

**Obwohl dieses Rezept ursprünglich Garnelen enthalten sollte, habe ich stattdessen Tofu verwendet, aber Sie können selbstverständlich das hinzufügen, was Sie bevorzugen.**

Das Kokosöl in einer großen Pfanne bei mittlerer Hitze schmelzen lassen. Die Zwiebeln und den Ingwer hinzufügen und 2–3 Minuten lang braten. Während des Bratens die Gewürze hinzufügen. Den Inhalt der Pfanne gründlich umrühren, dann den Tofu hinzufügen. Die Hitze reduzieren und auf niedriger Stufe behutsam weiterköcheln lassen, während Sie die Kokosmilch zubereiten.

Den Block Kokoscreme mit den 475 ml kochendem Wasser in einem Krug vermischen. Gründlich verrühren und die Mischung in die Pfanne gießen. Die Herdplatte wieder auf mittlere Stufe stellen und das Ganze 5–10 Minuten lang köcheln lassen. Mit Limettensaft beträufeln und mit Salz und Pfeffer abschmecken.

Auf Naturreis oder Soba-Nudeln servieren – beides schmeckt gleichermaßen köstlich!

*Das ist die Art Essen, die Sie brauchen, wenn Sie sich kränklich fühlen und Ihr Körper nach starken Aromen in Kombination mit sättigendem Reis oder Nudeln verlangt.*

***KARDAMOM*** LINDERT FANTASTISCH MAGENVERSTIMMUNGEN UND SODBRENNEN. BEI BEDARF KÖNNEN SIE SOGAR EIN PAAR DER SAMEN KAUEN!

# SAMTIGE ROTE **LINSEN** AUF NATURREIS

2 EL Kokosöl
1 ½ TL schwarze Senfkörner
1 ½ TL Kreuzkümmelkörner
1 Zwiebel, gehackt
1 Stück frischer Ingwer (2,5 cm), gerieben
2 TL gemahlene Kurkuma
2 TL gemahlener Kreuzkümmel
1 Dose Tomatenstücke (400 ml)
400 g rote Linsen
2 l Gemüsebrühe
1 Zimtstange
480 ml Wasser
190 g Naturreis
Saft von 1 Limette
1 EL roher Honig
1 kleine Handvoll frischer Koriander, gehackt, zum Garnieren

**4 Portionen**

**Mein 10 Jahre alter Sohn William nennt dieses Gericht sein „absolutes Lieblingsessen auf der ganzen weiten Welt", und er kann tatsächlich im Handumdrehen seine Portion verputzen und dann noch eine zweite oder gar dritte – falls noch etwas übrig ist!**

Das Kokosöl in einem großen Topf bei mittlerer Hitze schmelzen lassen und die Senf- und Kreuzkümmelkörner hinzufügen. Die Samen so lange rösten, bis sie anfangen aufzuplatzen, dann schnell die Zwiebel, den Ingwer, die Kurkuma und den gemahlenen Kreuzkümmel hinzufügen. Weitere 2–3 Minuten lang dünsten lassen, dann die Tomatenstücke hinzufügen. 2 Minuten lang köcheln lassen, dann die Linsen, die Gemüsebrühe und die Zimtstange hinzufügen. Zum Kochen bringen, dann die Hitze reduzieren und die Linsen zugedeckt gute 30 Minuten lang köcheln lassen.

In der Zwischenzeit einen weiteren Topf mit dem Wasser zum Kochen bringen und den Naturreis hinzufügen. Die Hitze reduzieren und zugedeckt 45–60 Minuten lang köcheln lassen, bis der Reis weich ist.

Nach 30 Minuten sollten die Linsen weich sein. Die Zimtstange entfernen, den Limettensaft und den Honig unterrühren.

Den Reis in Schüsseln füllen und das Linsengemüse darübergeben. Mit dem gehackten Koriander garnieren und servieren.

VON ALLEN HÜLSENFRÜCHTEN UND NÜSSEN ENTHALTEN **LINSEN** DIE DRITTGRÖSSTE MENGE AN PROTEIN.

# CURRY MIT PILZEN, ***BROKKOLI*** UND KOKOSNUSS

2 EL Kokosöl
1 TL Kreuzkümmelsamen
1 Zwiebel, gehackt
2 Knoblauchzehen, fein gehackt
1 Stück frischer Ingwer (3 cm), gerieben
2 rote Chilischoten, fein gehackt
1 TL gemahlene Kurkuma
1 TL gemahlener Kreuzkümmel
1 TL Currypulver
250 g weiße Champignons, in Scheiben geschnitten
1 Brokkoli, in Röschen zerteilt
4 große Tomaten, fein gehackt
1 Dose Kokosmilch (400 ml)
400 ml Wasser
4 große Handvoll Spinat
2 große Handvoll Grünkohl, grob zerrupft, die Stängel entfernt
Meersalz und frisch gemahlener schwarzer Pfeffer
Naturreis oder Soba-Nudeln zum Servieren
1 Handvoll frischer Koriander, gehackt, zum Garnieren
50 g geröstete Mandeln, grob gehackt, zum Garnieren

**4 Portionen**

**Ein Currygericht ist bei jedermann beliebt, und dies ist eine Abwandlung der klassischen vegetarischen Variante. Ich habe die dunkelgrünen Gemüsesorten – Brokkoli, Spinat und Grünkohl – integriert, die wir idealerweise täglich zu uns nehmen sollten, sowie ein paar Pilze und Tomaten. Diese verleihen dem Gericht eine andere Textur und ein bisschen Farbe.**

Das Kokosöl in einem großen Topf bei mittlerer Hitze schmelzen lassen und die Kreuzkümmelsamen hinzufügen. So lange rösten, bis sie aufplatzen und duften, dann schnell die Zwiebel, den Knoblauch, den Ingwer und die roten Chilischoten hinzufügen und 1–2 Minuten lang braten.

Alle gemahlenen Gewürze hinzufügen und 5–7 Minuten lang braten, bis die Zwiebel glasig ist. Die Pilze, den Brokkoli, die Tomaten, die Kokosmilch und 400 ml Wasser hinzufügen und 10–15 Minuten lang köcheln lassen, bis die Pilze weich sind.

Den Spinat und den Grünkohl behutsam unterrühren und zusammenfallen lassen. Mit Salz und Pfeffer abschmecken.

Auf Naturreis oder Soba-Nudeln servieren und mit gehacktem Koriander und gerösteten Mandeln garnieren.

***BROKKOLI*** ÜBERTRIFFT INSOFERN ALLE ANDEREN GEMÜSESORTEN AUS DER FAMILIE DER KREUZBLÜTLER, ALS ER DIE HÖCHSTE VITAMIN-C-KONZENTRATION BESITZT.

# KÜRBIS – **CHILI** – SUPPE MIT DINKEL

2 EL Kokosöl
2 Zwiebeln, gehackt
2–3 Knoblauchzehen, zerdrückt
1 TL gemahlene Kurkuma
½ TL getrocknete Chiliflocken
1 TL gemahlener Zimt
1 kg Butternuss-Kürbis, geschält und in Stücke geschnitten (die Kerne aufheben)
1 l Gemüsebrühe
175 g Dinkelgraupen
1 Handvoll frischer Koriander, gehackt, zum Garnieren

**3–4 Portionen**

**Das ist ein großartiges Rezept, falls Sie auf der Suche nach einem Essen sind, das Sie an einem kalten Tag aufmuntert. Nicht nur wird sich die wärmende Suppe in Ihrem Körper gut anfühlen, sondern Ihr Körper wird auch die fantastischen Nährstoffe der Suppe mit Freude aufnehmen.**

Das Kokosöl in einem großen Topf bei mittlerer Hitze schmelzen lassen und die gehackten Zwiebeln hinzufügen. 2–3 Minuten lang dünsten, dann den Knoblauch, die Kurkuma, die Chiliflocken und den Zimt hinzufügen. Ein paar Minuten lang umrühren, um die Zwiebeln mit den Gewürzen zu umhüllen.

Die Kürbisstücke unterrühren, dann die Gemüsebrühe und den Dinkel hinzufügen. Zum Kochen bringen, anschließend die Hitze reduzieren und 30 Minuten lang köcheln lassen.

In der Zwischenzeit den Backofen auf 180 °C vorheizen. Die aufgehobenen Kürbiskerne auf einem Backblech verteilen und im vorgeheizten Backofen 10 Minuten lang rösten. Beiseite stellen.

Wenn Dinkel und Kürbis gar sind, die Suppe mit einem Stabmixer (oder in einem Mixer oder einer Küchenmaschine) so lange pürieren, bis sie weitestgehend glatt, aber noch ein bisschen stückig ist. Mit dem frischen Koriander und den gerösteten Kürbiskernen garnieren und servieren.

***CHILIFLOCKEN*** KÖNNEN DEN STOFFWECHSEL ANKURBELN UND DEN HUNGER REDUZIEREN.

# BEILAGEN

Ich liebe Beilagen und ich gehe niemals im Restaurant essen, ohne mindestens zwei davon zu bestellen. Und ich achte darauf, immer Beilagen im Haus zu haben, die, ernährungsphysiologisch betrachtet, wahre Kraftpakete sind. Das kann auch etwas ganz Einfaches sein wie gedämpfter Spinat, aber ich versuche immer, mindestens eine Beilage zu integrieren. Vor allem wenn Sie Fleisch als Hauptgang haben, ist es wichtig, ihm eine nährstoffreiche Beilage zur Seite zu stellen, um die freien Radikale zu bekämpfen, die sich im Körper bilden, wenn man Fleisch ist. Wenn Sie Ihr Repertoire um ein paar Gerichte aus diesem Kapitel aufstocken, dann wird Ihnen das helfen, die freien Radikale ein für alle Mal auszumerzen.

# HUMMUS AUF DREIERLEI ART

***AVOCADO-HUMMUS***

1 Dose Kichererbsen (400 g)
2 reife Avocados, geschält, entsteint und klein geschnitten
Saft von 1 Limette
Saft von 1 Zitrone
1 große Handvoll frischer Koriander
4 Knoblauchzehen, zerdrückt
2 EL Olivenöl
2 EL Tahina
1 TL Meersalz

***GRÜNER ERBSEN-HUMMUS***

500 g Erbsen (oder TK-Ware)
Saft von 2 Zitronen
3 Knoblauchzehen, zerdrückt
1 EL Olivenöl
1 kleine Handvoll frischer Koriander
2 EL Tahina
1 TL gemahlener Kreuzkümmel
½ TL Cayennepfeffer
1 TL Meersalz

***HUMMUS MIT PAPRIKAPULVER***

1 Dose Kichererbsen (400 g)
3 Knoblauchzehen, zerdrückt
Saft von ½ Zitrone
2 TL geräuchertes Paprikapulver
2 EL Olivenöl
2 EL Tahina
1 kleine Handvoll frische glatte Petersilie
1 EL Apfelessig
1 TL Meersalz

**Jeweils 4 Portionen**

**Ich liebe Hummus, aber er muss ja nicht immer auf dieselbe Art zubereitet werden! Ja, Kichererbsen sind wunderbar, aber wenn Sie das Ganze einmal aufpeppen und etwas Neues ausprobieren möchten, dann zaubern Sie doch einmal diese drei Varianten hier. Sie sind total lecker und – natürlich – gesund. Sie können rohe Gemüsestreifen in Ihren Hummus tauchen oder ihn auf ein Stück Vollkornbrot streichen – ich liebe Roggenbrot! Und wenn Sie ihn noch interessanter machen möchten, können Sie ihn mit roten Paprikastreifen oder schwarzen Oliven belegen. Sie können auch einmal versuchen, Ihren Hummus auf ein Stück gegrilltes Hähnchenfleisch zu streichen, um ihn etwas aufzupeppen.**

Falls Sie eines der Rezepte mit Kichererbsen zubereiten, sollten Sie diese zuvor gründlich unter fließendem Wasser abspülen und abtropfen lassen.

Die Zubereitungsart ist bei allen drei Varianten die gleiche: Alle Zutaten in eine Küchenmaschine geben und pürieren. Mit frischem und farbenfrohem rohem Gemüse servieren.

***TAHINA*** ODER TAHINI-PASTE IST EINE DER BESTEN QUELLEN FÜR KALZIUM, DIE ES GIBT, UND SIE ENTHÄLT MEHR PROTEIN ALS DIE MEISTEN NÜSSE!

# PILAW MIT SCHWARZEM REIS, GRÜNKOHL, SONNENBLUMENKERNEN UND **ROTEN TRAUBEN**

1 l Gemüsebrühe
380 g schwarzer Reis
1 EL Kokosöl
1 Zwiebel, gehackt
2 Knoblauchzehen, fein gehackt
1 TL gemahlener Kreuzkümmel
1 ½ TL Paprikapulver
½ TL gemahlene Kurkuma
120 ml Apfelessig
2 große Handvoll Grünkohl, grob zerkleinert, die Stängel entfernt
200 g kernlose rote Trauben, halbiert
55 g Sonnenblumenkerne
Meersalz und frisch gemahlener schwarzer Pfeffer

**4–6 Portionen**

**Dieses Rezept können Sie mit jeglichem Vollkorngetreide zubereiten, das Sie gerade in Ihrer Vorratskammer haben, wie z.B. Naturreis, Quinoa, Bulgur etc. Ich liebe jedoch die verblüffende Farbe des schwarzen Reises mit dem dunkelgrünen Kohl und den roten Trauben. Das ist eine sehr hübsche Beilage! Sie passt ganz gut zu einem einfachen Stück gedämpftem Fisch, Sie können es aber auch einmal zu meiner Cashewkern-Mais-Suppe mit Brokkoli-Mandel-Püree (s. S. 115) versuchen.**

Die Gemüsebrühe zum Kochen bringen, dann den Reis hinzufügen. Die Hitze reduzieren, einen Deckel auflegen und den Reis auf niedriger Stufe 45–60 Minuten lang köcheln lassen, bis er weich ist.

In der Zwischenzeit das Kokosöl in einer großen Pfanne bei mittlerer Hitze schmelzen lassen und die Zwiebelstücke und den Knoblauch darin 5–7 Minuten lang dünsten, bis die Zwiebeln glasig sind.

Den Kreuzkümmel, das Paprikapulver, die Kurkuma und den Apfelessig zu den Zwiebeln und dem Knoblauch geben und 1–2 Minuten lang rühren. Den Grünkohl unterrühren. Sobald der Grünkohl weich ist und die Flüssigkeit aufgenommen wurde, die Pfanne vom Herd nehmen.

Die Grünkohlmischung mit dem gekochten Reis, den Trauben und den Sonnenblumenkernen in einer großen Schüssel vermischen. Mit Salz und Pfeffer würzen, gründlich vermengen und servieren.

***ROTE TRAUBEN*** STECKEN VOLLER VITAMIN K, DAS EIN FETTLÖSLICHES VITAMIN IST UND IM FETTGEWEBE UND DER LEBER GESPEICHERT WIRD. ES SPIELT EINE SCHÜSSELROLLE BEI DER BLUTGERINNUNG.

# WARMER **HIRSE**-ROTE-BETE-BROKKOLI-SALAT

2 mittelgroße Rote Beten, geschält und in Stücke geschnitten
1 Brokkoli, in Röschen geteilt
1 EL Kokosöl, geschmolzen
2 EL Tamari
1 TL gemahlener Kreuzkümmel
Meersalz und frisch gemahlener schwarzer Pfeffer
200 g schwarze Bohnen aus der Dose, abgegossen und abgespült
480 ml Gemüsebrühe
200 g Hirse
35 g Kürbis- oder Sonnenblumenkerne

**Für das Dressing**
2 EL Tamari
1 EL Tahina
1 EL roher Honig
2 EL Apfelessig
1 Spritzer Zitronensaft
1 TL gemahlener Kreuzkümmel

**4 Portionen**

**Hirse ist ein weiteres glutenfreies Getreide, das oft übersehen wird. Es gibt es schon seit Jahrhunderten, erfreut sich aber erst seit Kurzem wachsender Beliebtheit als nahrhafte und glutenfreie Alternative zu Weizen. Dieser schmackhafte Salat passt hervorragend zu meinem Curry mit Pilzen, Brokkoli und Kokosnuss (s. S. 124) oder zu Lachs. (Abb. s. S. 129)**

Den Backofen auf 180 °C vorheizen. Die Roten Beten und den Brokkoli auf ein Backblech geben und mit dem geschmolzenen Kokosöl, der Tamari und dem Kreuzkümmel überziehen. Etwas Salz und Pfeffer nach Belieben hinzufügen und das Gemüse im vorgeheizten Backofen 20 Minuten lang rösten.

Das Blech aus dem Ofen nehmen, die schwarzen Bohnen hinzufügen und für weitere 10 Minuten zurück in den Backofen schieben.

In der Zwischenzeit die Gemüsebrühe zum Kochen bringen und die Hirse hinzufügen. Wieder zum Kochen bringen, dann die Hitze reduzieren, einen Deckel auflegen und die Hirse auf niedriger Stufe 25–30 Minuten lang köcheln lassen, bis das Wasser aufgenommen wurde und die Hirse weich ist.

Die gekochte Hirse in eine große Schüssel füllen und das geröstete Gemüse und die Bohnen hinzufügen.

Alle Zutaten für das Dressing in einer Schüssel verquirlen. Den Salat mit dem Dressing vermengen und mit Kürbis- oder Sonnenblumenkernen bestreuen.

**HIRSE** IST NICHT NUR ALKALISCH UND LEICHT VERDAULICH, SONDERN ENTHÄLT AUCH SEROTONIN, WELCHES FÜR GUTE LAUNE SORGT.

# INGWER-UMEBOSHI-**AUBERGINEN** MIT MANGO

500 g Auberginen
Meersalz
ca. 5 EL Kokosöl
2 kleine Zwiebeln, gehackt
2 Knoblauchzehen, fein gehackt
1 rote Chilischote, fein gehackt
1 Stück frischer Ingwer (2 cm), geschält und gerieben
¾ TL gemahlener Zimt
1 Prise geriebene Muskatnuss
2 EL Umeboshi-Paste
2 TL Kokosblütenzucker
75 ml Wasser
2 kleine Mangos, geschält, entsteint und klein geschnitten

**4 Portionen**

**Diese interessante Kombination ist eine unglaublich köstliche Beilage zu meinen Soba-Nudeln mit Brokkoli und Shiitake-Pilzen (s. S. 104) oder zu jeglichem Lammgericht. (Abb. s. S. 129)**

Die Auberginen in 1,5 cm dicke Scheiben schneiden und in eine Glasschale legen. Mit Meersalz bestreuen und 30 Minuten lang Wasser ziehen lassen. Kurz vor Ablauf dieser Zeit 2 EL Kokosöl in einer großen Pfanne bei mittlerer Hitze schmelzen lassen. Die Zwiebeln, den Knoblauch, die Chili und den Ingwer darin 5–7 Minuten lang anbraten. Den Zimt und die Muskatnuss hinzufügen und weitere 2 Minuten lang braten.

Die gesalzenen Auberginenscheiben mit Küchenpapier trocken reiben. 3 EL Kokosöl in einer separaten Pfanne bei mittlerer Hitze schmelzen lassen. Anschließend die Auberginen ca. 10 Minuten lang braten, bis sie auf beiden Seiten goldgelb sind. Die Auberginen in eine Auflaufform füllen und zum Warmhalten in den Ofen stellen.

Die Zwiebelmischung bei mittlerer Hitze nochmals heiß werden lassen, dann die Umeboshi-Paste, den Kokosblütenzucker und 75 ml Wasser hinzufügen. Gründlich verrühren und 5 Minuten lang köcheln lassen. Mit der Mango zu einem glatten Püree verarbeiten. Die Auberginenscheiben auf einer Platte anrichten und mit der Soße beträufeln.

**AUBERGINEN** SIND REICH AN EINEM ANTIOXIDANS, DAS CHLOROGENSÄURE GENANNT WIRD UND GUT DARIN IST, FREIE RADIKALE ZU BEKÄMPFEN.

# KOKOS – **MAIS** – HASELNUSS – SALAT

3 EL Kokosöl
4 Maiskolben, entkörnt
1 kleine rote Zwiebel, in dünne Scheiben geschnitten
40 g Kokoschips
75 g Haselnüsse, geröstet
75 g Sultaninen
1 kleine Handvoll frische glatte Petersilie, gehackt
Saft von 2 Limetten
Meersalz und frisch gemahlener schwarzer Pfeffer

**4 Portionen**

**Da ich in Illinois aufgewachsen bin, war ich meine ganze Kindheit über von Maisfeldern umgeben. Für diesen Salat verwende ich frische Maiskörner direkt vom Kolben, weil es nichts Besseres gibt. Falls Sie es jedoch einmal wirklich eilig haben, können Sie auch Mais aus der Dose verwenden. Diese von Illinois inspirierte Beilage schmeckt sehr lecker zu Burgern während der Grillsaison. Oder probieren Sie sie zu meinem süßen Rhabarber-Aprikosen-Quinoa-Eintopf (s. S. 112).**

Das Kokosöl in einer großen Pfanne bei mittlerer Hitze schmelzen lassen. Den Mais, die rote Zwiebel und die Kokoschips hinzufügen und umrühren, damit alle Zutaten von Öl umhüllt sind. 5 Minuten lang braten, dann in eine Servierschüssel umfüllen.

Die gerösteten Haselnüsse, die Sultaninen, die Petersilie und den Limettensaft hinzufügen. Gut vermengen und mit Salz und Pfeffer würzen.

***MAIS*** ENTHÄLT REICHLICH LUTEIN UND ZEAXANTHIN, ZWEI SEKUNDÄRE PFLANZENSTOFFE, DIE BEIDE GUT FÜR UNSERE SEHFÄHIGKEIT SIND.

# ***KRAUTSALAT*** MIT KAROTTEN UND LEINSAMEN

1 kleiner Wirsing
1 kleiner Rotkohl
1 große Handvoll Zuckerschoten
2 Karotten, gerieben
2 kleine rote Zwiebeln, in dünne Scheiben geschnitten
2 EL Leinsamen

**Für das Dressing**
4 EL Olivenöl
2 Knoblauchzehen, zerdrückt
1 große Handvoll frischer Dill
1 EL Dijon-Senf
2 EL Apfelessig
Saft von 1 Zitrone

**4–6 Portionen**

**Es gibt viele verschiedene Arten, Krautsalat zuzubereiten, und die gekauften Versionen sind oft extrem fett. Wenn Sie Ihren Krautsalat selbst machen, ist das die beste Möglichkeit, um sicherzustellen, dass er auch gesund ist. Krautsalat wird zwar traditionellerweise zu Fleischgerichten serviert, schmeckt aber auch großartig zu Pizza oder Pasta. Kombinieren Sie diesen tollen, leichten Salat mit Hähnchen- oder Lammspießen oder mit meinem Grünkohlrisotto mit Feigen und Walnüssen (s. S. 119).**

Den Wirsing, den Rotkohl und die Zuckerschoten in dünne Scheiben bzw. Streifen schneiden. In eine große Schüssel geben und gründlich mit den geriebenen Karotten und den roten Zwiebeln vermischen.

Alle Zutaten für das Dressing in einem Mixer oder einer Küchenmaschine vermischen. Über den Krautsalat gießen und gut vermengen. Mit den Leinsamen bestreuen.

***KOHL*** ENTHÄLT VITAMIN C IM ÜBERFLUSS. TATSÄCHLICH ENTHÄLT ER SOGAR MEHR VON DIESEM VITAMIN ALS ORANGEN. VITAMIN C IST EINES DER BESTEN ANTIOXIDANTIEN, UM DIE FREIEN RADIKALE IM KÖRPER ZU REDUZIEREN.

# QUINOA UND GEDÜNSTETER **ROTKOHL** MIT ORANGEN

1 l Gemüsebrühe
400 g rote und weiße Quinoa gemischt
2 Lorbeerblätter
2 EL Kokosöl
½ EL schwarze Senfkörner
1 EL Fenchelsamen
2 Zwiebeln, gehackt
4 Knoblauchzehen, fein gehackt
½ Rotkohl, in dünne Scheiben geschnitten
2 EL Apfelessig
4 Orangen
Meersalz und frisch gemahlener schwarzer Pfeffer
1 kleine Handvoll frische glatte Petersilie, gehackt

**4–6 Portionen**

**Rotkohl enthält tatsächlich viel mehr sekundäre Pflanzenstoffe als Weißkohl – also essen Sie auf! Dieses Gericht ist perfekt für das Sonntagsessen als Beilage zu gebratenem Hähnchen, oder probieren Sie es einmal mit meinem Mungobohnen-Eintopf mit Süßkartoffeln und Granatapfel (s. S. 110) als Sonntagsessen auf Pflanzenbasis.**

Die Gemüsebrühe in einem großen Topf zum Kochen bringen, die Quinoa und die Lorbeerblätter hinzufügen. Die Hitze reduzieren und die Quinoa 20–25 Minuten bei milder Hitze köcheln lassen, bis das Wasser aufgenommen wurde und die Quinoa weich ist.

Das Kokosöl in einer Pfanne schmelzen lassen und die schwarzen Senfkörner sowie die Fenchelsamen darin rösten. Nach 3 Minuten die Zwiebeln und den Knoblauch hinzufügen und 5–7 Minuten lang dünsten, bis die Zwiebeln glasig sind. Den Rotkohl und den Apfelessig hinzufügen und weitere 5 Minuten lang dünsten.

In der Zwischenzeit drei von den Orangen entsaften und die vierte in Segmente teilen. Den Saft durch ein Sieb in die Pfanne mit dem Rotkohl gießen. Gut umrühren und mit Salz und Pfeffer würzen.

Die Quinoa in eine große Schüssel geben, den Rotkohl und die Orangensegmente darauflegen und das Ganze mit der gehackten Petersilie bestreuen.

**ROTKOHL** ENTHÄLT VIELE ANTHOCYANE, EINE ART FLAVONOID, DAS MIT DER KREBSVORBEUGUNG IN ZUSAMMENHANG GEBRACHT WURDE.

# ULTIMATIVER SUPERFOOD-SALAT MIT **HANF** UND BLAUBEEREN

4 große Handvoll Baby-Spinat
1 Brokkoli, in kleine Röschen geteilt
1 gekochte Rote Bete, in dünne Scheiben geschnitten
1 Karotte, geraspelt
1 Avocado, geschält, entsteint und in Scheiben geschnitten
1 kleine Handvoll frische Minze, grob gehackt
1 große Handvoll Blaubeeren
1 EL Leinsamen
1 EL Chia-Samen
1 EL Hanfsamen
nach Belieben: Um noch mehr Omega-Wahnsinn zu erhalten, können Sie noch eine kleine Handvoll Kürbis- oder Sonnenblumenkerne hinzufügen.
Meersalz und frisch gemahlener schwarzer Pfeffer

**Für das Blaubeer-Dressing**
1 große Handvoll Blaubeeren
Saft von 1 Limette
2 EL Apfelessig
1 EL roher Honig
1 EL Olivenöl

**4 Portionen**

**Hier haben wir einen super-seriösen Salat mit einem super-seriösen Dressing. Ich stelle immer gerne bereits zu Beginn der Woche die richtigen Weichen, und wenn ich diesen Salat montags esse, dann hilft mir das dabei, mich darauf zu konzentrieren, womit ich meinen Körper den Rest der Woche über versorge. Er schmeckt besonders gut zu einem Steak oder einem einfachen gegrillten Stück Fleisch, Sie können ihn aber auch mit meinem Macadamianuss-Pesto auf Vollkornnudeln kombinieren** **(s. S. 119).**

Den Spinat, den Brokkoli, die Rote Bete, die Karotte, die Avocado, die Minze und die Blaubeeren in einer Schüssel locker vermengen.

Alle Zutaten für das Dressing in einem Mixer oder einer Küchenmaschine vermischen. Das Dressing über den Salat träufeln, dann das Ganze mit den Samen und Kernen bestreuen. Mit Salz und schwarzem Pfeffer würzen und servieren.

***HANFSAMEN*** HAUCHEN JEDEM GERICHT LEBEN EIN. SIE EXPLODIEREN QUASI VOR OMEGA-6- UND OMEGA-3-FETTSÄUREN, DIE FÜR EINE GESUNDE HERZ- UND HIRNFUNKTION HILFREICH SIND.

# BROKKOLISALAT MIT GETROCKNETEN TOMATEN, **KNOBLAUCH** UND WALNÜSSEN

3 EL Kokosöl
6 Knoblauchzehen, in dünne Scheiben geschnitten
2 große Bund Spargelbrokkoli (Brokkolini)
110 g getrocknete Tomaten, abgetropft (oder, falls sie nicht aus dem Glas kommen, 10 Minuten in Wasser eingeweicht und abgetropft)
2 TL getrocknete Chiliflocken
100 g Walnüsse, grob gehackt
Meersalz und frisch gemahlener schwarzer Pfeffer

**4–6 Portionen**

**Für den Fall, dass Sie es noch nicht bemerkt haben: Ich bin ganz verrückt nach dunkelgrünem Blattgemüse, und das Entdecken neuer Verwendungsmöglichkeiten macht mir riesigen Spaß. Dieses Rezept fiel mir ein, als ich eines Tages meinen Brokkoli anstarrte und darüber nachdachte, auf welche neuartige Weise ich ihn zubereiten könnte. Der Salat eignet sich auch gut als Mittagessen zum Mitnehmen. Vertilgen Sie diese grüne Beilage mit einem Steak oder – als vegetarische Variante – probieren Sie sie zu meiner Kürbis-Chili-Suppe mit Dinkel (s. S. 126).**

Das Kokosöl in einer großen Pfanne bei mittlerer Hitze schmelzen lassen und den Knoblauch darin 30 Sekunden lang anbraten. Achten Sie darauf, dass der Knoblauch nicht braun wird.

Den Brokkoli hinzufügen und 2 Minuten lang dünsten, anschließend die getrockneten Tomaten hinzufügen. Mit den Chiliflocken bestreuen und die Hitze etwas reduzieren. Den Brokkoli weitere 3 Minuten lang dünsten, dann in eine Schüssel umfüllen.

In einer separaten Pfanne die Walnüsse ohne Fett nur 1–2 Minuten lang rösten, damit sie ganz leicht gebräunt werden. Mit dem Brokkoli vermischen, mit Salz und Pfeffer würzen und sofort servieren.

IM WINTER IST **KNOBLAUCH** EIN GROSSARTIGES LEBENSMITTEL, UM IHR IMMUNSYSTEM ANZUKURBELN, DAMIT ES ERKÄLTUNGEN UND GRIPPE ABWEHREN KANN.

# GEMISCHTER **BOHNEN**-AVOCADO-CLEMENTINEN-SALAT MIT TAHINA-DRESSING

**Für den Bohnensalat**
1 Dose gemischte Bohnen (400 g), abgegossen und abgespült
100 g grüne Bohnen, gekocht
2 Handvoll Mandelblättchen, leicht geröstet
1 Kopf Römersalat, klein geschnitten
1 große Avocado, geschält, entsteint und in Scheiben geschnitten
2 Clementinen, geschält und in Segmente geteilt
1 gelbe Paprikaschote, klein geschnitten
1 große Handvoll frischer Koriander, gehackt

**Für das Tahina-Dressing**
2 EL Tahina
2 EL Apfelessig
2 EL Tamari
2 EL Zitronensaft
1 EL roher Honig

**4 Portionen**

**Tahina ist eine meiner Lieblingszutaten bei der Zubereitung von Salatsoßen. Sie sorgt für eine cremige Konsistenz sowie ein süßes, nussiges Aroma und schmeckt großartig über geröstetem Gemüse oder Salat. Diese proteinreiche Beilage passt perfekt zu fettem Fisch wie Thunfisch, Lachs oder Makrele oder zu meinen gefüllten Paprika mit Bulgur und Pistazien (s. S. 101).**

Für den Salat einfach alle Zutaten in einer großen Schüssel vermengen.

Das Dressing geht genauso einfach! Alle Zutaten für das Dressing in eine kleine Schüssel geben und von Hand verquirlen. Das Dressing über den Bohnensalat gießen und gut untermengen, anschließend servieren.

***GRÜNE BOHNEN*** ENTHALTEN EINE AUSGEZEICHNETE MENGE AN VITAMIN A, WELCHES DAFÜR BEKANNT IST, BEI DER BEKÄMPFUNG VON FALTEN, FEINEN LINIEN UND ALTERSFLECKEN ZU HELFEN.

# GRANATAPFEL – **GURKEN** – TOMATEN – SALAT

1 großer Granatapfel
1 kleine Gurke, gehackt
4 große Tomaten, in Stücke geschnitten
1 scharfe rote Chilischote, entkernt und in feine Ringe geschnitten
1 rote Paprikaschote, klein geschnitten
1 große Handvoll frische Minze, grob gehackt
1 große Handvoll frischer Koriander, grob gehackt
Saft von 1 Limette
Olivenöl zum Beträufeln

**4 Portionen**

**Das ist ein genial einfaches Rezept, das Sie im Handumdrehen aus dem Ärmel schütteln können. Da es komplett roh ist, bleiben alle entscheidenden Enzyme, die wir benötigen, intakt und unser Körper dankt es uns. Belegen Sie mit diesem Salat etwas gedämpften Fisch, um ihm Biss und Wohlgeschmack zu verleihen, oder verwenden Sie ihn als Salsa und kombinieren Sie mit meinem Tex-Mex-Auflauf mit Adzukibohnen und Quinoa (s. S. 107).**

Den Granatapfel halbieren und mit den Fingern die Kerne herauslösen. Achten Sie darauf, alle weißen Häutchen abzuziehen und zu entsorgen.

Die Gurke, die Tomaten, die Chili, die rote Paprika, die Minze und den Koriander in einer Schüssel vermischen. Die Granatapfelkerne, den Limettensaft und ein paar Tropfen Olivenöl hinzufügen und alles miteinander vermengen. Ja, so einfach ist das – und superlecker.

*Das ist so unkompliziert. Das Einzige, was womöglich etwas Zeit benötigt, ist das Herauslösen der Granatapfelkerne! Wenn Sie die Frucht halbiert haben, klopfen Sie mit einem Küchenutensil darauf, um die Kerne zu lockern.*

**GURKEN** BESTEHEN ZU 95 PROZENT AUS WASSER. SO WIRD UNSER KÖRPER MIT FEUCHTIGKEIT VERSORGT, WÄHREND GLEICHZEITIG TOXINE ENTFERNT WERDEN.

# ROTE-BETE-SELLERIE-FEIGEN-SALAT

3 große Rote Beten, geschält und in Stücke geschnitten
½ Sellerieknolle, geputzt und in Stücke geschnitten
1 große Handvoll frische glatte Petersilie, grob gehackt
1 große Handvoll frischer Koriander, grob gehackt
5 Feigen, geviertelt
Meersalz und frisch gemahlener schwarzer Pfeffer

**Für das Limetten-Dressing**
Saft und Schale von 1 Bio-Limette
1 Stück frischer Ingwer (3 cm), geschält und gehackt
¼ TL gemahlener Kreuzkümmel
¼ TL gemahlener Zimt
2 EL Olivenöl
2 EL Apfelessig

**4 Portionen**

**Wenn es mich nach etwas Gesundem und Leichtem gelüstet, das meine Geschmacksknospen befriedigt, dann stelle ich manchmal fest, dass ein normaler Salat einfach nicht ausreicht. Die Dinge in der Küche interessant zu halten, ist der Schlüssel, wenn man eine gesunde Ernährungsweise beibehalten möchte, und dieser Salat wird Ihnen genau dabei helfen. Auch er ist eine gute Beilage zu gedämpftem Fisch – Seebarsch oder -brasse sind perfekt. Wenn Sie es rein pflanzlich und farbenfroh halten möchten, können Sie ihn auch zu meinen Thai-Kokos-Nudeln mit Pak Choi und Pilzen (s. S. 120) servieren. Dieser Salat ist absolut erstaunlich – sowohl was das Aussehen betrifft als auch den Geschmack.**

Einen großen Topf ca. 2 cm hoch mit Wasser füllen und bei mittlerer Hitze aufsetzen. Die Roten Beten hinzufügen und ca. 20 Minuten lang kochen lassen. Abgießen und in eine große Schüssel füllen.

Den leeren Topf nochmals 2 cm hoch mit Wasser füllen und bei mittlerer Hitze aufsetzen. Den Sellerie hinzufügen und ca. 15 Minuten lang kochen lassen. Abgießen und in einer separaten Schüssel abkühlen lassen.

Sobald Rote Bete und Sellerie abgekühlt sind, die Petersilie, den Koriander und die Feigen zusammen mit dem Sellerie in die große Schüssel geben.

Alle Zutaten für das Dressing in einer kleinen Schüssel verquirlen. Über den Rote-Bete-Sellerie-Salat träufeln und vor dem Servieren mit Salz und Pfeffer würzen.

**ROTE BETE** IST FANTASTISCH, UM IHR DURCHHALTE-VERMÖGEN ZU STEIGERN UND IHREN MUSKELN DABEI ZU HELFEN, LÄNGER UND HÄRTER ZU ARBEITEN.

# SPARGEL – BROKKOLI – KORIANDER – SALAT MIT WALNÜSSEN

2 EL Kokosöl
12 grüne Spargelstangen, in 2 cm lange Stücke geschnitten
½ Brokkoli, in kleine Röschen geschnitten
Meersalz
55 g Walnüsse, gehackt
90 g schwarze Oliven
1 Handvoll frischer Koriander, gehackt
geriebene Schale und Saft von 1 Bio-Zitrone
1 Schalotte, fein gehackt

**4 Portionen**

**Ich schneide den Spargel gerne in Stücke, damit der Salat leichter zu handhaben ist, aber Sie können die Spargelstangen auch ganz lassen, wenn Sie es lieber eleganter mögen. Reichen Sie den Salat zu Würstchen oder zu meinen samtigen Roten Linsen auf Naturreis (s. S. 123).**

Das Kokosöl in einer großen Pfanne bei mittlerer bis starker Hitze schmelzen lassen. Die Spargelstücke und die Brokkoliröschen mit einer Prise Meersalz hinzufügen. Das Gemüse im Kokosöl wenden, die Pfanne mit einem Deckel verschließen und das Gemüse 2 Minuten lang garen. Aus der Pfanne nehmen und in eine große Schüssel geben. Die Walnüsse, die Oliven und den Koriander hinzufügen.

Den Zitronensaft und die -schale mit den Schalotten in einer kleinen Schüssel gründlich verquirlen.
Das Dressing über den Salat gießen und servieren.

**SPARGEL** IST EINE WUNDERBARE QUELLE FÜR VITAMIN B 6, KALZIUM, ZINK UND MAGNESIUM.

# ***PASTINAKEN***- UND SÜSSKARTOFFEL-POMMES MIT PAPRIKAPULVER

- 3 große Süßkartoffeln, in 7 cm lange Stifte geschnitten
- 3 große Pastinaken, in 7 cm lange Stifte geschnitten
- 1 große Knoblauchzehe, zerdrückt
- 3 EL Kokosöl, geschmolzen
- 2 TL Paprikapulver
- Meersalz und frisch gemahlener schwarzer Pfeffer

**4–6 Portionen**

**Das ist eine gesündere Version der typischen Pommes. Pastinaken und Süßkartoffeln stecken nicht nur voller guter Sachen, es ist auch weitaus besser für Ihr Herz und Ihre Gesundheit, sie in Kokosöl zu backen statt sie in raffiniertem Öl zu frittieren. Diese Pommes schmecken sooo lecker zu Rindfleischfrikadellen oder zu meinen Rote-Bete-Frikadellen mit Quinoa, schwarzen Bohnen und Leinsamen (s. S. 103).**

Den Backofen auf 200 °C vorheizen.

Alle Zutaten in einer Schüssel vermischen, sodass die Pastinaken und Süßkartoffeln vollständig von den anderen Zutaten umhüllt sind.

Die Pommes in einer Schicht auf einem Backblech verteilen. Im vorgeheizten Backofen 10 Minuten lang backen, bis die Pommes leicht geröstet sind. Umdrehen und auf der anderen Seite weitere 10–15 Minuten lang backen. Mit Salz und Pfeffer würzen und servieren.

DIE ***PASTINAKE*** IST EINE VERWANDTE DER KAROTTE UND DER PETERSILIE UND STECKT VOLLER KALIUM UND FOLSÄURE. BEIDES SIND WICHTIGE NÄHRSTOFFE FÜR DIE GESUNDHEIT DES HERZ-KREISLAUF-SYSTEMS.

# SCHARFER KOKOS-GRÜNKOHL MIT ***AVOCADO***

1 Bund Grünkohl, in Stücke gerupft, dicke Stängel entfernt
40 g Kokoschips
1 Avocado, geschält, entsteint und gewürfelt
1 große Handvoll Mandelblättchen, geröstet

**Für das Dressing**
1 Schalotte, fein gehackt
Saft von 1 Zitrone
2 EL Olivenöl
1 EL Apfelessig
1 TL getrocknete Chiliflocken
1 TL Ahornsirup

**4 Portionen**

**Der Schlüssel zu einem richtig gut schmeckenden Grünkohlsalat ist, den Grünkohl nicht zu kochen! Sie müssen ihm nur etwas Liebe geben und mit einer sauren Zutat oder einem Dressing weich machen. Meiner Meinung nach ist diese Beilage perfekt für jedes Fleisch- oder Fischgericht. Sie können es auch einmal zu meinem scharfen Tofu-Curry mit Kokosnuss und Kardamom probieren (s. S. 122).**

Die Zutaten für das Dressing in einer kleinen Schüssel verquirlen. Anschließend den Grünkohl in eine große Servierschüssel geben und mit der Hälfte des Dressings übergießen. Mit den Händen den Grünkohl ein paar Minuten lang mit dem Dressing verkneten, damit er weich wird.

Die Kokoschips, die Avocado und die Mandelblättchen hinzufügen und alles gründlich vermengen. Das restliche Dressing darübergießen und servieren.

VIELE MENSCHEN VERMEIDEN ES, ***AVOCADOS*** ZU ESSEN, WEIL SIE GLAUBEN, DASS SIE DAVON DICK WERDEN. DIE FORSCHUNG HAT JEDOCH GEZEIGT, DASS DIE EINFACH UNGESÄTTIGTEN FETTSÄUREN, DIE SICH IN AVOCADOS FINDEN, EHER ALS LANGSAM VERBRENNENDE ENERGIE VERWENDET WERDEN, STATT ALS KÖRPERFETT GESPEICHERT ZU WERDEN.

# *CANTALOUPE-MELONEN-* BLAUBEER-SALAT MIT AVOCADO-LIMETTEN-DRESSING

1 Cantaloupe-Melone, gewürfelt
200 g Blaubeeren
1 große Handvoll frische Minze, gehackt
1 Prise gemahlener Zimt

**Für das Avocado-Limetten-Dressing**
½ Avocado, geschält, entsteint und klein geschnitten
1 EL roher Honig
Saft von 1 Limette
1 kleine Handvoll frische Minze
2 EL Wasser

**4 Portionen**

**Das ist ein großartiger Sommersalat, den man essen kann, wenn die Sonne scheint. Der Anblick dieses Salates wird zweifellos ein Lächeln auf Ihr Gesicht zaubern, weil er absolut köstlich schmeckt. Außerdem hat so ein leichter und erfrischender Obstsalat etwas an sich, das dafür sorgt, dass ich mich immer gut fühle. Dies ist eine leichte Beilage, die erstaunlich gut zu gedämpftem Fisch oder meinem Superfood-Gericht mit Sprossen passt (s. S. 109).**

Die Melone, die Blaubeeren, die Minze und den Zimt in einer großen Servierschüssel vermengen.

Alle Zutaten für das Dressing in eine Küchenmaschine geben und pürieren. Den Salat sorgfältig mit dem Dressing vermischen und servieren.

100 G ***CANTALOUPE-MELONE*** ENTHALTEN 110 PROZENT DER EMPFOHLENEN TAGESDOSIS AN VITAMIN A, DAS – WIE WIR WISSEN – EIN WIRKUNGSVOLLES ANTIOXIDANS FÜR DEN ERHALT GESUNDER AUGEN, SCHLEIMHÄUTE UND HAUT IST.

# SÜSSES

Dies ist natürlich mein Lieblingskapitel, und das ist vermutlich auch der Grund dafür, warum Nachtische, Puddings und andere Süßspeisen – oder wie auch immer Sie sie nennen wollen – immer im hinteren Teil des Buches stehen: Weil wir uns das Beste bis zum Schluss aufheben. Alle meine Rezepte werden mit natürlichen Süßungsmitteln, Vollkorngetreide, Obst und sogar Gemüse zubereitet. Süßspeisen müssen nicht immer unbedingt mit raffiniertem Zucker, Butter oder Weißmehl gemacht sein, um gut zu schmecken. Diese Zutaten stehlen Ihre Energie, und ich wünsche mir von einer Leckerei, dass sie mir Energie verleiht, nicht wegnimmt. Wenn Sie ein paar meiner Rezepte ausprobiert haben, werden Sie sehen, was ich meine.

# SUPER NUSSBUTTER-TÖRTCHEN MIT **MACA** UND LUCUMA

**Für die Schokoladensoße**
200 g Kakaobutter
150–180 g Kakaopulver
4 EL roher Honig
1 ½ EL Lucuma-Pulver
1 ½ EL Carob-Pulver
1 TL Maca-Pulver
¼ TL Meersalz

**Für die Mandelbutterfüllung**
120 g Mandelbutter
1 EL roher Honig
1 EL Lucuma-Pulver
1 oder 2 Muffinbackformen, mit 12–16 Papierförmchen ausgekleidet

**Ergibt 12–16 Stück**

**Ich bin in Amerika aufgewachsen, und meine absolute Lieblingssüßigkeit waren ohne Zweifel Reese's Peanut Butter Cups. Die sind so lecker. Allerdings sind sie auch in jeglicher Hinsicht ungesund. Also habe ich mich darangemacht, meine eigene, supergesunde Version zu erfinden, die für mein Empfinden genauso gut, wenn nicht noch besser schmeckt als das, was ich als Kind gegessen habe.**

Die Kakaobutter bei milder bis mittlerer Hitze in einem Topf schmelzen lassen. Die restlichen Zutaten für die Schokoladensoße hinzufügen und gründlich vermischen.

In jedes Muffinförmchen so viel Schokoladensoße geben, dass der Boden bedeckt ist. Die restliche Soße beiseite stellen. Die Backform für ca. 15 Minuten in den Kühlschrank stellen, bis sich die Soße verfestigt hat.

Für die Mandelbutterfüllung alle Zutaten in einer kleinen Schüssel zu einem Teig verarbeiten. Davon gehäufte Teelöffel abnehmen und zu Kugeln formen. Anschließend die Kugeln mit den Händen zu Scheiben flachdrücken, deren Durchmesser etwas kleiner ist als derjenige der Muffinförmchen. Die Mandelbutter-Scheiben in die Muffinförmchen legen und mit der restlichen Soße vollständig bedecken.

Die Backform für 1 Stunde zum Festwerden in den Kühlschrank stellen. Sobald die Schokolade fest ist, können Sie die Förmchen aus der Backform nehmen und 3–4 Tage lang in einem luftdichten Behälter im Kühlschrank aufbewahren.

**MACA** IST EINE WURZEL, DIE IM GEBIRGE IN PERU ANGEBAUT WIRD. SIE IST DAFÜR BEKANNT, DURCHHALTEVERMÖGEN UND ENERGIE ZU STEIGERN.

# MATCHA-KOKOS-EIS

**Das ist ein traumhaft üppiges und cremiges Eis ohne tierische Milch oder raffinierten Zucker. Eis aus Grüntee (d.h. Matcha) ist übrigens eine ziemlich beliebte Nachspeise in asiatischen Restaurants. Jetzt können Sie sie ganz leicht zu Hause zubereiten und wissen, dass sehr viel Gutes darin steckt.**

1 Dose Kokosmilch (400 ml)
2 gefrorene Bananen
2 EL Matcha (Grünteepulver)
4 Datteln, entsteint
4 EL Ahornsirup
6 Eiswürfel
½ TL Xanthan

**2–3 Portionen**

Alle Zutaten in einen Mixer oder eine Küchenmaschine geben und pürieren. Anschließend in einen tiefkühlgeeigneten Behälter mit Deckel füllen und diesen verschließen. Für ein paar Stunden ins Gefrierfach stellen, bis das Eis fest ist.

**MATCHA** TREIBT DEN STOFFWECHSEL AN UND VERBRENNT KALORIEN. AUSSERDEM WIRKT ES BERUHIGEND UND ENTSPANNEND.

# MINZEIS MIT KAKAOSTÜCKCHEN

**Ich liebe Minze über alles: auf meinen Kartoffeln, im Tee, in meinen Smoothies und Suppen und jetzt auch in meinem Eis! Das sollten Sie unbedingt einmal machen, wenn Sie Freunde zum Abendessen da haben, und ihnen dann erzählen, dass es ohne tierische Milch und raffinierten Zucker zubereitet wird. Ihre Gäste werden Sie für immer lieben und um das Rezept anbetteln!**

2 gefrorene Bananen
1 Dose Kokosmilch (400 ml)
½ TL Vanilleextrakt
2 Avocados, geschält, entsteint und klein geschnitten
8 Tropfen Pfefferminzöl
1 kleine Handvoll Spinat
8 große frische Minzblätter
4 Datteln, entsteint
6 Eiswürfel
1 große Handvoll Kakaosplitter

**4 Portionen**

Alle Zutaten bis auf die Kakaosplitter pürieren. Anschließend in einen tiefkühlgeeigneten Behälter mit Deckel füllen und die Kakaosplitter unterheben. Für ein paar Stunden ins Gefrierfach stellen, bis das Eis fest ist.

**MINZE** IST FANTASTISCH, UM EINE GESUNDE VERDAUUNG ZU FÖRDERN UND DEN MAGEN ZU BERUHIGEN. SIE HILFT, ENTZÜNDUNGEN IM KÖRPER ZU VERRINGERN.

# GRÜNKOHL – BEEREN – EIS

2 gefrorene Bananen
240 ml Kokosmilch
1 Handvoll Grünkohl
4 Datteln, entsteint
250 g gefrorene Blaubeeren
2 TL Vanilleextrakt
6 Eiswürfel

**4 Portionen**

**Das ist nicht nur ein leckerer, erfrischender und gesunder Genuss für Erwachsene, sondern auch eine großartige Möglichkeit, Kinder dazu zu bringen, ein milch- und zuckerfreies Eis zu essen, das auch noch ein dunkelgrünes Blattgemüse enthält – was sie aber nicht sehen können!**

Alle Zutaten in einen Mixer oder eine Küchenmaschine geben und beobachten, wie schnell sie sich in ein unglaubliches, nährstoffreiches Eis verwandeln.

In einen tiefkühlgeeigneten Behälter mit Deckel gießen und für ein paar Stunden ins Gefrierfach stellen, bis das Eis fest ist.

*Je nachdem, in welcher Stimmung Sie sind und welche Zutaten Sie gerade zur Hand haben, könnten Sie ein Schüsselchen von diesem Eis mit frischem Obst kombinieren oder mit Chia-Samen oder Blütenpollen bestreuen.*

FALLS SIE GERADE ENTGIFTEN, IST **GRÜNKOHL** IHR BESTER FREUND. ER STECKT NÄMLICH VOLLER BALLASTSTOFFE UND SCHWEFEL: BEIDES DIENT DAZU, IHRE LEBER GESUND ZU HALTEN.

# **FEIGEN**- RIEGEL

2 EL Chia-Samen
6 EL Wasser
180 g Hafermehl (oder aus Haferflocken selbst gemahlen)
70 g Kokosblütenzucker
1 TL Backpulver
½ TL gemahlener Zimt
60 g Kokosöl, geschmolzen
1 TL Vanilleextrakt
4 EL Mandelmilch

**Für die Feigenfüllung**
15 getrocknete Feigen
2 EL Kokosblütenzucker
1 Schuss Wasser
1 mit Backpapier ausgelegtes Backblech

**Ergibt 12–16 Stück**

**Ich liebe Feigen und diese überaus leckeren Feigenkekse, die es zu kaufen gibt, über alles. Aber dies hier ist eine weitaus gesündere Version jener Kekse. Ich habe Kokosblütenzucker und Hafermehl gewählt, und statt der Eier verwende ich Chia-Samen.**

Die Chia-Samen in den 6 EL Wasser 10 Minuten lang einweichen. Den Backofen auf 180 °C vorheizen.

Das Hafermehl, den Kokosblütenzucker, das Backpulver und den Zimt in einer Schüssel vermischen.

In einer separaten Schüssel die eingeweichten Chia-Samen, das Kokosöl, den Vanilleextrakt und die Mandelmilch vermengen.

Die flüssige Mischung zu den trockenen Zutaten gießen und gründlich verrühren, den Teig zu einer Kugel formen. Ca. 1 Stunde lang zum Festwerden in den Kühlschrank legen.

Für die Füllung die Feigen, den Kokosblütenzucker und einen Schuss Wasser in eine Küchenmaschine geben und zu einer Paste verarbeiten.

Auf einer bemehlten Arbeitsfläche den Teig ca. 5 mm dick und möglichst quadratisch ausrollen. Eine Hälfte der Teigplatte mit der Feigenfüllung bestreichen, die zweite Hälfte vorsichtig darüberklappen. In 12–16 Quadrate schneiden, auf das vorbereitete Backblech legen und im vorgeheizten Backofen 12–15 Minuten lang backen, bis sie goldgelb sind.

STUDIEN HABEN GEZEIGT, DASS DER VERZEHR VON **FEIGEN** DIE ANTIOXIDATIVE KAPAZITÄT INNERHALB DES KÖRPERS ÜBER EINEN ZEITRAUM VON BIS ZU 4 STUNDEN ERHÖHT.

# **SCHWARZE-BOHNEN**-
# BROWNIES MIT CHIA-SAMEN

2 EL Chia-Samen
6 EL Wasser und 2 EL zusätzlich bei Bedarf
1 Dose schwarze Bohnen (400 g), abgetropft und abgespült
90 g Kakaopulver
45 g Kokosöl, geschmolzen
1 TL Vanilleextrakt
1 ½ TL Backpulver
100 g Kokosblütenzucker

1 rechteckige Backform (23 × 30 cm), dünn mit Kokosöl gefettet

**Ergibt 12 Stück**

**Schwarze Bohnen in Schokoladen-Brownies? Aber selbstverständlich! Und sie sind auch noch unglaublich einfach zu backen – ganz zu schweigen davon, dass Sie lecker und gesund sind. Ein Brownie, bei dem man kein schlechtes Gewissen haben muss, ist ein süßes Rezept, das jeder gerne in seinem Repertoire hat.**

Die Chia-Samen in einer kleinen Schüssel in den 6 EL Wasser 10 Minuten lang einweichen.

Den Backofen auf 180 °C vorheizen.

Die schwarzen Bohnen, die eingeweichten Chia-Samen, das Kakaopulver, das Kokosöl, den Vanilleextrakt, das Backpulver und den Kokosblütenzucker in einer Küchenmaschine zu einem Teig verarbeiten. Falls er etwas zu fest ist, können Sie noch ein paar EL Wasser untermischen.

Den Teig gleichmäßig in der Backform verstreichen und im vorgeheizten Backofen 20–25 Minuten lang backen. Aus dem Ofen nehmen und abkühlen lassen. Anschließend in Quadrate schneiden. Sie sollen weich und klebrig sein und auf der Zunge zergehen.

**SCHWARZE BOHNEN** ENTHALTEN BESONDERS VIEL FOLSÄURE UND EISEN, WAS SPEZIELL FÜR SCHWANGERE FRAUEN WICHTIG IST.

# AVOCADO-SCHOKOLADEN-*LUCUMA*-MOUSSE

**Wenn Ihnen die Zeit davonläuft, Sie aber dringend noch einen Nachtisch für Ihre Dinnerparty benötigen oder eine Süßspeise für die Kinder zaubern wollen, dann ist das hier Ihre schnelle Rettung. Ihre Gäste werden aus allen Wolken fallen, wenn sie erfahren, dass diese köstliche Süßspeise in Wirklichkeit voller fabelhafter gesunder Zutaten steckt.**

2 Avocados, geschält, entsteint und klein geschnitten
6 Datteln, entsteint und grob gehackt
80 g Kakaopulver
160 ml Kokosmilch (oder eine andere pflanzliche Milch Ihrer Wahl)
1 TL Vanilleextrakt
1 EL Lucuma-Pulver
1 Prise Meersalz
Himbeeren zum Servieren (nach Belieben)

**4 Portionen**

Einfach alle Zutaten in einer Küchenmaschine zu einer cremigen Mousse verarbeiten. In eine Servierschüssel füllen und mindestens 1 Stunde lang kalt stellen. In hübschen kleinen Schalen oder Tassen servieren und nach Belieben mit frischen Himbeeren belegen.

***LUCUMA*** IST EIN GROSSARTIGES SÜSSUNGSMITTEL. ES BESITZT EINEN NIEDRIGEN GLYKÄMISCHEN INDEX, STECKT ABER VOLLER NÄHRSTOFFE WIE EISEN, ZINK, BETA-CAROTIN UND KALZIUM.

# ROHE SCHOKOLADENKEKSE MIT *CHIA*-SAMEN

**Falls Sie auf der Suche nach etwas Schokoladigem sind, dann ist sie hiermit beendet. Das Tolle an diesen Keksen ist, dass sie in Minutenschnelle zubereitet sind und nicht gebacken werden müssen. Sie sind ein wunderbarer Snack, der langanhaltende Energie liefert.**

20 Datteln, entsteint
3 EL Roh-Kakaopulver
1 TL Lucuma-Pulver
2 EL Kokosöl, geschmolzen
1 TL Vanilleextrakt

**Zum Dekorieren**
Chia-Samen
Goji-Beeren
Blütenpollen

**Ergibt 15 mundgerechte Kugeln**

Alle Zutaten in eine Küchenmaschine geben und gründlich vermischen. In eine Schüssel umfüllen und die Masse mit den Händen zu 15 Kugeln formen. Anschließend die Kugeln entweder in Chia-Samen, in Goji-Beeren oder in Blütenpollen wälzen. In einem luftdichten Behälter im Kühlschrank aufbewahren. So halten sich die Kekse bis zu 2 Wochen lang.

***CHIA-SAMEN*** SIND EINE GROSSARTIGE QUELLE FÜR OMEGA-3-FETTSÄUREN. TATSÄCHLICH ENTHALTEN SIE MEHR DAVON ALS LACHS!

# KEY **LIME** PIE

90 g Haferflocken
45 g gemahlene Leinsamen
40 g Haselnüsse
2–3 Datteln, entsteint
2 EL Kokosöl, geschmolzen
2 EL Limettensaft
nach Belieben: Für eine noch „grünere" Key Lime Pie können Sie während der Zubereitung der Füllung noch 1 TL Spirulina-Pulver hinzufügen.

**Für die Füllung**
2 Dosen Kokosmilch à 400 ml
2 Avocados, geschält, entsteint und klein geschnitten
Saft von 2 Limetten
3 EL roher Honig
45 g Kokoschips

1 Pie-Form mit 23 cm Durchmesser, mit Kokosöl gefettet

**8 Portionen**

**Dies ist mit hoher Wahrscheinlichkeit eine der großartigsten Nachspeisen aller Zeiten. Immer wenn ich ein Rezept für eine Pie entdecke, habe ich das Gefühl, ich könne sie nicht zubereiten, weil das ewig dauern wird. Dieses Rezept hier ist jedoch ganz anders, weil die Pie nicht gebacken werden muss. Sie besteht lediglich aus einer ganzen Menge guter, vollwertiger Zutaten, die in zwei Lagen übereinandergeschichtet werden, um eine nahrhafte und aufsehenerregende Süßspeise zu ergeben.**

Die 2 Dosen Kokosmilch am Vorabend in den Kühlschrank stellen.

Die Haferflocken, die Leinsamen, die Haselnüsse und die Datteln in der Küchenmaschine fein mahlen. Das Kokosöl und den Limettensaft untermischen. Die Masse in der vorbereiteten Pie-Form verteilen und festdrücken.

Die Küchenmaschine reinigen, um die Füllung darin zuzubereiten. Aus den Dosen mit Kokosmilch lediglich den Rahm abschöpfen (das Wasser für einen Smoothie oder eine Suppe aufbewahren). Zusammen mit den Avocados, dem Limettensaft, dem Honig und den Kokoschips pürieren. Falls Sie Spirulina-Pulver verwenden möchten, können Sie es jetzt hinzufügen. Die Füllung über den Pie-Boden gießen und für 1 Stunde ins Tiefkühlfach stellen.

Sofort servieren oder bis zum Verzehr in den Kühlschrank stellen.

**LIMETTEN** KÖNNEN DABEI HELFEN, NIERENSTEINE ZU VERHINDERN, WEIL SIE MEHR ZITRONENSÄURE ENTHALTEN ALS ORANGEN ODER GRAPEFRUITS. ZITRONENSÄURE IST EIN NATÜRLICHER HEMMSTOFF GEGEN NIERENSTEINE.

# **KÜRBISKERN** – QUINOA – HAFER – MUFFINS

6 EL Chia-Samen
270 ml Wasser
180 g Hafermehl (oder aus Haferflocken selbst gemahlen)
70 g Vollkornweizenmehl
1 EL Backpulver
1 TL Natron
130 g Kürbiskerne
370 g gekochte Quinoa
480 ml Hafermilch
60 g Kokosöl, geschmolzen
2 EL roher Honig
2 EL Kokosblütenzucker

1 Muffinbackform, mit 12 Papierförmchen ausgekleidet

**Ergibt 12 Stück**

**Süße, aber gesunde Snacks sind eine großartige Möglichkeit, die Gelüste nach Süßem zwischen oder nach den Mahlzeiten zu stillen, und diese Hafermuffins sind hier genau das Richtige. Sie sind randvoll mit guten Sachen und eignen sich großartig für ein Picknick.**

Den Backofen auf 180 °C vorheizen.

Die Chia-Samen 10 Minuten lang in den 270 ml Wasser einweichen.

Das Hafermehl, das Vollkornweizenmehl, das Backpulver, das Natron und die Kürbiskerne in einer großen Rührschüssel miteinander vermischen.
Die gekochte Quinoa in die Schüssel geben.

Die Hafermilch, das Kokosöl, den Honig, den Kokosblütenzucker und die eingeweichten Chia-Samen in einer separaten Schüssel miteinander verquirlen.

Die flüssige Mischung zu den trockenen Zutaten gießen und alles gründlich miteinander verrühren. Den Teig auf die Muffinförmchen verteilen. Im vorgeheizten Backofen ca. 40 Minuten lang backen, bis sie goldbraun sind.

BEREITS EINE HANDVOLL **KÜRBISKERNE** PRO TAG REICHT AUS, UM 10 G EIWEISS UND JEDE MENGE MINERALSTOFFE ZU ERHALTEN.

# MINI-KÄSEKUCHEN MIT **CASHEWKERNEN** UND BLAUBEEREN

**Für den Boden**
12 Datteln, entsteint
50 g Mandeln
90 g gemahlene Leinsamen
1 TL Vanilleextrakt

**Für die Füllung**
250 g Cashewkerne, eingeweicht
Saft von 1 Zitrone
60 g Kokosöl, geschmolzen
120 ml roher Honig
200 ml Kokosmilch
150 g Blaubeeren

1 Muffinbackform, mit 12 Papierförmchen ausgekleidet

**Ergibt 12 Stück**

**Wer von uns mag keinen Käsekuchen? Gebacken oder gekühlt, traditionell oder in abgewandelter Form – diese cremige Süßspeise hat etwas sehr Verführerisches. Aber die Zutaten! Bedauerlicherweise ist nicht viel Gesundes dabei. Hier ist also eine Variante eines amerikanischen Klassikers, die jetzt supergesund und superlecker ist. (Abb. s. S. 154–155)**

Zunächst die Cashewkerne für 3–4 Stunden in Wasser einweichen.

In der Zwischenzeit den Boden zubereiten. Hierfür alle Zutaten in einer Küchenmaschine vermischen. Die Masse gleichmäßig auf die Muffinförmchen verteilen und mit den Fingern festdrücken.

Die Küchenmaschine reinigen. Die eingeweichten Cashewkerne abgießen und abspülen und zusammen mit dem Zitronensaft in die Küchenmaschine geben. Das Kokosöl, den Honig und die Kokosmilch hinzufügen und alles zu einer glatten Masse verarbeiten. Die Füllung in eine große Rührschüssel umfüllen und langsam die Blaubeeren unterrühren. Die Füllung in die Förmchen geben, mit Frischhaltefolie abdecken und für 3 Stunden ins Tiefkühlfach stellen.

Die Mini-Käsekuchen 1–2 Stunden vor dem Servieren aus dem Tiefkühlfach holen.

ETWA 30 G **CASHEWKERNE** ENTHALTEN 21 PROZENT DER EMPFOHLENEN TAGESDOSIS AN MAGNESIUM. MAGNESIUM GEHÖRT ZU DEN MINERALSTOFFEN, DIE AM HÄUFIGSTEN ÜBERSEHEN WERDEN, DABEI IST ES FÜR ÜBER 300 CHEMISCHE REAKTIONEN IM KÖRPER LEBENSWICHTIG, EINSCHLIESSLICH DER ENERGIE-RESERVEN UND ENTSPANNUNG.

# GESUNDE KNUSPRIGE *REIS*-RIEGEL

180 g Mandelbutter
180 ml brauner Reissirup
2 EL Vanilleextrakt
150 g Puffreis (oder knusprige Reis-Frühstückszerealien)

1 quadratische Backform (20 × 20 cm), mit Pergamentpapier ausgekleidet

**Ergibt 12–16 Stück**

**Auch dies ist eine meiner Lieblingssüßigkeiten, aber sie wird immer aus zuckrigen Zerealien, viel Butter und Marshmallows hergestellt. Ich wollte eine weitaus gesündere Alternative erfinden – nicht nur, damit meine Kinder sie genießen können, sondern auch ich selbst. Das Ergebnis war so befriedigend, dass ich Ihnen empfehle, ein kleines Quadrat davon mitzunehmen, für den Fall, dass Sie unterwegs einen süßen Muntermacher benötigen.**

Einen großen Topf bei milder Hitze aufsetzen und die Mandelbutter, den braunen Reissirup und den Vanilleextrakt hinzufügen. Gut umrühren, bis alles gründlich miteinander vermischt ist. In eine große Rührschüssel umfüllen. Den knusprigen Reis hinzufügen und gründlich unterrühren, bis er von der Sirupmischung umhüllt ist.

Den umhüllten knusprigen Reis in die vorbereitete Form füllen, gleichmäßig verteilen und festdrücken. Im Kühlschrank 10 Minuten lang fest werden lassen, anschließend in Quadrate oder Riegel schneiden.

***BRAUNER REISSIRUP*** ERHÖHT ZWAR IHREN BLUTZUCKER, ABER ER LÄSST SIE NICHT SO ZUSAMMENBRECHEN WIE RAFFINIERTER ZUCKER, WEIL ER EIN KOMPLEXES KOHLENHYDRAT IST.

# **MANGO**-BANANEN-BLAUBEER-EIS AM STIEL

2 Bananen
2 Mangos, geschält, entsteint und klein geschnitten
1 Handvoll Spinat
190 g Blaubeeren
360 ml Kokosmilch
80 g Chia-Samen

8 Eisförmchen (und Stiele, falls nötig)

**Ergibt 8 Eis am Stiel**

**Diese Eis am Stiel sind so hübsch und im Nu zubereitet. Sie eignen sich großartig für diese heißen Tage, an denen man etwas Erfrischendes braucht, das aber gleichzeitig voller guter Sachen steckt. Die guten Sachen kommen aber nicht nur vom Obst, sondern auch vom Spinat und den Chia-Samen, die ich hinzugefügt habe – und niemand wird es je erfahren …**

Alle Zutaten in einen Mixer oder eine Küchenmaschine geben und pürieren.

Die Masse auf die Eisförmchen verteilen. Falls bei Ihren Eisförmchen keine Stiele dabei waren, stecken Sie Ihre eigenen Stiele in die Masse, stellen Sie die Förmchen für 3–4 Stunden in den Kühlschrank und genießen Sie!

DIE **MANGO** KÖNNTE MAN AUCH ALS DIE KÖNIGIN ALLER FRÜCHTE BEZEICHNEN, WEIL SIE JEDE MENGE ANTIOXIDANTIEN ENTHÄLT UND SEHR REICH AN VITAMIN C UND VITAMIN A IST.

# REGISTER

# DANKSAGUNG

Diese ganze Sache musste ja irgendwo anfangen, stimmt's? Und die Reise hierher begann mit dem Start meines Lebensmittel-Blogs und ein paar sehr amateurhaften Fotos! Deshalb muss ich mich bei meinem geliebten Ehemann Luke bedanken, und zwar nicht nur dafür, dass er die Kamera übernommen und SO viel bessere Fotos gemacht hat, sondern auch für die Geduld, die er mir und meinen „verrückten Ideen" im Laufe der Jahre entgegengebracht hat.
Mein Dank geht auch an John und Caroline Sandwich, meine Schwiegereltern, für die unermüdliche Unterstützung, Großzügigkeit und Liebe, die sie ihrer sehr amerikanischen Schwiegertochter gezeigt haben.
Manchmal ist es hart, die eigene Mutter nicht um sich zu haben (sie lebt in den Vereinigten Staaten). Deshalb möchte ich mich auch bei Susan Benn bedanken, die ich manchmal als meine Ersatzmutter bezeichne. Vielleicht hat unsere Verbundenheit ihre Ursache darin, dass wir beide aus dem amerikanischen mittleren Westen stammen, aber sie wächst weiterhin mit jeder Margherita und mit jeder Umarmung, die mir sagt: „Du schaffst das!"
Danke an Sarah Thompson, Briony Newman und Andrea Urquidi, meine Yoginis. Yoga bedeutet „Vereinigung", und vereint sind wir – nicht nur im Yoga, sondern auch in Freundschaft.
Und dann gibt es da diese Freundin, die von Anfang an da war. Die eine, die alles gesehen hat und – nach zusammengenommen 8 Kindern – immer noch da ist. Vielen Dank, Ruth Sturgeon, dafür, dass du die beste Verabredung bei unseren gemeinsamen „Ausgeh-Abenden" bist, bei denen 4 Stunden im „Eight over Eight" immer noch nicht ausreichen, um uns auf den neuesten Stand zu bringen.
Und ich bin mir nicht einmal sicher, ob es dieses Buch hier jetzt geben würde, wenn ich Dich, Marissa Hermer, nicht auf dieser verrückten Achterbahnfahrt getroffen hätte, die wir beide gerade zusammen unternehmen. Vielen Dank also dafür, dass Du mich meiner wundervollen Agentin, Charlotte Robertson, vorgestellt hast, die bei unserem ersten gemeinsamen Treffen sagte: „Ja, Sie haben das gewisse Etwas. Wir ziehen los und holen es." Und das taten wir. Wir fanden Céline und Jane bei Quadrille, die „es" haben. Von diesem ersten gemeinsamen Treffen an habt Ihr beide an mich geglaubt und dafür bin ich Euch für immer dankbar.
Dieses Buch ist genauso, wie ich es mir vorgestellt habe. Es sieht genauso aus, wie ich es wollte, und dafür bedanke ich mich bei Nikki Ellis für die perfekte Gestaltung, bei Yuki Sugiura für die traumhaften Fotografien und bei Iris Bromet dafür, dass sie genau die richtigen Requisiten gefunden hat, um die Lebensmittel in Szene zu setzen.
Die Seite 5 beginnt damit, dass ich dieses Buch meinen vier Kindern widme, und so erscheint es mir nur zu passend, das Buch mit ihnen auch enden zu lassen. Emma, Jack, William und Nestor – allein der Gedanke an Euch zaubert mir jedes Mal unter Garantie ein Lächeln aufs Gesicht.